Inhalt

Editorial 3

Rüdiger Spielberg
Online-Beratung bei Arbeitsstörungen und Prüfungsängsten 11

Karin Heller
Psychosoziale Beratung in einer Selbsthilfe-Newsgroup 29
zum Thema Angst

Nicola Döring & Christiane Eichenberg
»M-Therapy«: Klinisch-psychologische Interventionen
mit Mobilmedien 55

Peter Rieker
Delinquenz aus Sicht von Eltern und Kindern –
Herausforderungen und Chancen der Triangulation
subjektiver Perspektiven 83

Autorinnen, Herausgeber 119

Wissenschaftlicher Beirat 123

Impressum

Psychotherapie und Sozialwissenschaft
ISSN 1436-4638
2005, Heft 2
ViSdP: Die Herausgeber; bei namentlich gekennzeichneten Beiträgen die Autoren. Namentlich gekennzeichnete Beiträge stellen nicht in jedem Fall eine Meinungsäußerung der Herausgeber, der Redaktion oder des Verlages dar.
Erscheinen: Halbjährlich
Herausgeber:
Jörg Bergmann, Brigitte Boothe, Michael Buchholz, Martin Hartung, Tom Levold, Jürgen Straub, Ulrich Streeck
Redaktionsanschrift:
Prof. Dr. med. Ulrich Streeck,
Krankenhaus Tiefenbrunn,
37124 Rosdorf bei Göttingen
ulrich.streeck@nlkh-tiefenbrunn.niedersachsen.de

Die Herausgeber freuen sich auf Ihre Manuskripte, die nach Eingang möglichst rasch begutachtet werden.

Abonnements:
Psychosozial-Verlag
E-Mail:
bestellung@psychosozial-verlag.de
www.psychosozial-verlag.de
Bezug:
Jahresabo: 25 Euro (zzgl. Versand)
Einzelheft: 14,90 Euro (zzgl.Versand)
Bestellungen von Abonnements bitte an den Verlag, Einzelbestellungen beim Verlag oder über den Buchhandel.
Das Abonnement verlängert sich um jeweils ein Jahr, sofern nicht eine Abbestellung bis zum 15. November erfolgt.

Rechte:
© 2005 Psychosozial-Verlag
Nachdruck – auch auszugsweise – mit Quellenangabe nur nach Rücksprache mit den Herausgebern. Alle Rechte, auch die der Übersetzung, vorbehalten.
Anzeigen:
Anfragen bitte an den Verlag an
Antje Becker
antje.becker@psychosozial-verlag.de
Es gilt die Anzeigenpreisliste 1/2005.

Editorial:
Beratung und Therapie per Internet und Handy

Bis vor einigen Jahren musste es als abwegiger, ja absurder Gedanke erscheinen, Psychotherapie und klinisch-psychologische Beratung in einen Zusammenhang mit Briefverkehr, Telefon und anderen Formen der Fern-Kommunikation bringen zu wollen. Psychotherapie und Beratung galten als geradezu prototypische Formen der Nah-Kommunikation, die gebunden war an die beiden Voraussetzungen der leiblichen Ko-Präsenz von Akteuren und der unmittelbar mündlichen Form des Austauschs. Die Möglichkeit, dass die »talking cure« auch am Telefon stattfinden könnte, wurde nie ins Auge gefasst, und auch eine »writing cure« stand außerhalb der Vorstellungsmöglichkeiten. Die psycho-therapeutische Beziehung glich in dieser Hinsicht der körper-therapeutischen Beziehung, bei der ja auch die Anwesenheit des Patienten für die Erbringung einer medizinischen Leistung erforderlich ist. Dass Therapeut und Klient gemeinsam in der therapeutischen Situation anwesend sind, erschien deshalb als fraglose Gegebenheit und war ebenso selbstverständlich wie die Tatsache, dass man zum Haareschneiden schließlich auch selbst den Friseur aufsuchen muss, weil sich »personenbezogene Dienstleistungen« dieser Art eben nicht wie Sachgüter auf Halde produzieren, bevorraten oder über Entfernungen hinweg transportieren lassen.

Durchaus möglich, dass die Psychologie, die Psychotherapieforschung und die Soziologie an diesem Punkt gründlich umdenken müssen. Denn das Postulat, dass Psychotherapie und klinisch-psychologische Beratung ausschließlich unter Bedingungen der Face-to-Face-Interaktion stattfinden können, ist in den vergangenen Jahren in mehrfacher Hinsicht fraglich geworden. Hintergrund für den Verlust der Selbstverständlichkeit, Psychotherapie ausschließlich als Form der unmittelbaren Interaktion zu sehen, ist die rasante Entwicklung der neuen Informationstechnologie und der durch sie ausgelöste bzw. verstärkte gesellschaftliche Evolutionsprozess. Mit dem Internet, dem Handy und anderen mobilen Verbindungsdiensten haben sich innerhalb kürzester Zeit ganz neuartige Formen der Kommunikation etabliert, die heute bereits in so hohem Maß das berufliche und private Leben der Menschen in weiten Teilen der Welt bestimmen, dass sie – obwohl das WWW gerade mal gut zehn Jahre alt ist – kaum mehr wegzudenken sind.

Nun ist aber das Internet ein Globalisierungsmedium ersten Ranges, und wie das Handy verdankt es seinen außerordentlichen Erfolg gerade der Funktion, die

Editorial

Möglichkeiten zur Fern-Kommunikation über den Brief und das Telefon hinaus signifikant zu erweitern. Internet und Handy lassen Entfernungen im Raum und in der Zeit schrumpfen, sie steigern die kommunikative Erreichbarkeit in bislang ungeahntem Maß und machen Abwesende zu – virtuell – Anwesenden. Was aber haben diese innovativen Formen der Distanz-Kommunikation mit Psychotherapie und klinischer Beratung zu tun, für die doch gerade Anwesenheit und Nah-Kommunikation eine Voraussetzung zu sein scheinen?

Zunächst muss man sehen, dass diese Gegenüberstellung aus mehreren Gründen problematisch ist. Schon die Unterscheidung, mit der sie operiert, ist obsolet. Seit jeher ist es ein Motiv von Fern-Kommunikation, die räumliche Distanz sozial zu verringern und emotionale Nähe dort zu erzeugen, wo Ko-Präsenz nicht möglich ist. Das belegt ein älteres Medium der Fern-Kommunikation, die »Postkarte«, die wenig mehr Raum als für die Übermittlung von Grüßen lässt und in der 2. Hälfte des 19. Jahrhunderts vor allem deshalb so erfolgreich war, weil es den kriegführenden Männern im Feld buchstäblich als »Lebenszeichen« für die Daheimgebliebenen diente.

Für Nah-Kommunikation wiederum gilt, dass sie nur dann dauerhaft funktionieren kann, wenn sie auch Entfernung zulässt und Distanzerfahrung ermöglicht. Primärbeziehungen bestehen ja nie aus einem Zustand dauerhafter Ko-Präsenz, sondern immer aus einer Kette von aufeinander folgenden Face-to-Face-Episoden, die durch mehr oder weniger lange Phasen des Getrennt-Seins unterbrochen und durch Anwesenheits- und Abwesenheitsmarkierungen – also Begrüßungen und Verabschiedungen – begrenzt werden. Auf die Notwendigkeit, Trennung, Entfernung und Wiedervereinigung in den Horizont einer Nahbeziehung aufzunehmen, müssen alle sich Nahe-Stehenden einstellen, was sich besonders gut am Beispiel von Kindern beobachten lässt, für die die Erfahrung, sich zeitweise von ihren Nächsten zu lösen – sei es für eine Nacht, einen Tag im Kindergarten, ein Ferienlager oder ein Jahr im Ausland – ebenso beängstigend wie befreiend sein kann.

Die Gegenüberstellung von Nah- und Fern-Kommunikation führt also nicht besonders weit, vor allem dann nicht, wenn man auch noch darauf beharrt, dass »echte« Psychotherapie auf jeden Fall in der unmittelbaren Interaktion, also in einer Face-to-Face-Begegnung stattzufinden habe. Es muss dann rätselhaft bleiben, weshalb in den vergangenen Jahren im Internet ein mittlerweile unüberschaubares Beratungs- und Therapieangebot entstanden ist; als bloße Spielerei muss erscheinen, dass sich dort ein umfängliches Spektrum von Mailinglisten, Newsgroups und Chats als Selbsthilfeforen zu Themen wie Angst, Depression, Zwang, Trauma,

Editorial

Schock u. ä. findet, und der Einsatz von Handy, SMS und anderen Techniken der Mobilkommunikation für therapeutische Zwecke kann dann nur als modischer Schnickschnack wahrgenommen werden. Geht man jedoch davon aus, dass hinter der breit gefächerten elektronisch vermittelten Therapie- und Beratungskommunikation in den meisten Fällen ein ernst zu nehmendes Problem oder Anliegen steckt, wird man sein Augenmerk auf die genuinen Strukturmerkmale und Möglichkeiten dieser Kommunikation richten müssen, um deren Attraktivität für die Betroffenen verstehen zu lernen und einschätzen zu können.

Diesem Ziel haben sich die Autorinnen und Autoren der folgenden Beiträge dieses Hefts von »Psychotherapie und Sozialwissenschaft« verschrieben. Sie befassen sich mit einzelnen Formen der Internet- und Mobilkommunikation, in denen online oder per Handy Beratungen durchgeführt werden, klinisch-psychologische Interventionen erfolgen oder therapeutische Prozesse ablaufen. Die Beiträge sind nicht darauf angelegt, praktisches Wissen oder Tipps zu diesem Thema zusammenzutragen (dafür gibt es andere Quellen auf dem Buchmarkt oder im Internet) oder den kulturkritischen Rundumblick über die therapeutische Cyberwelt schweifen zu lassen. Stattdessen geben sich die Autorinnen und Autoren einer Neigung hin, die in der qualitativen Sozialforschung als pure Tugend gelten darf: der Neugierde und der Bereitschaft, sich überraschen zu lassen. Die meisten der Texte sind explorativer Art, sie konzentrieren sich auf einzelne Fälle, um an ihnen die besondere Art der Kommunikation, die Möglichkeiten und Grenzen der Selbstdarstellung und -verhüllung und die Psychodynamik der therapeutischen Beziehung in der virtuellen Kommunikationswelt zu erforschen.

Im ersten Beitrag dokumentiert und interpretiert Horst Kächele einen Fall, bei dem die »Einleitung einer Behandlung« auf elektronischem Weg per E-Mail erfolgt. Diese Art der Kontaktanbahnung nimmt der zunächst überraschte Autor/Therapeut zum Anlass, um der Frage nachzugehen, ob nicht die neue E-Mail-Technologie, die ja im Gegensatz zu einem Briefwechsel ein rasches Hin- und-Her – fast möchte man sagen: einen Dialog – gestattet, denjenigen Patienten den Zugang zu einem Therapeuten erleichtert, die, aus welchen Gründen auch immer, sonst gar nicht erst in Verbindung mit einem Therapeuten treten würden. In dem Fall könnte es also gerade das distanzsichernde Medium der Schrift sein, über das die initiale Annäherung von Therapeut und Patient erst möglich wird.

Zu einem ganz ähnlichen Befund kommt der Autor des zweiten Beitrags, Rüdiger Spielberg, der sich am Beispiel eines Internet-Beratungsportals und auf der

Editorial

Grundlage von zwei Fallskizzen mit den Möglichkeiten der E-Mail-Beratung von Klienten mit Arbeitsstörungen und Prüfungsängsten befasst. Diese Klienten werden hinsichtlich ihrer Arbeitsproblematik in der Regel von starken Schamgefühlen geplagt, die es dann auch verhindern, dass die Betroffenen sich an professionelle Beratungs- und Behandlungseinrichtungen wenden. Auch hier ist es die Möglichkeit, Hilfe auf schriftlichem Weg zu suchen und dabei in der Anonymität zu bleiben, die für die Klienten die Hürde vor der Kontaktaufnahme absenkt und damit den ersten Schritt erleichtert.

Der Autor äußert allerdings Zweifel daran, ob eine Online-Beratung auch als längerfristige Intervention erfolgreich sein kann. Zwar gibt es im Internet eine Reihe von Ansätzen, die explizit auf die Möglichkeit einer »E-Therapy« abstellen, so etwa die niederländische Initiative Interapy (www.interapy.com: »Interapy ist ein leicht zugängliches, kurzdauerndes Therapieprogramm, das ausschließlich über das Internet stattfindet. In den Niederlanden bietet Interapy Behandlungsmöglichkeiten für posttraumatische Belastungsreaktionen/unverarbeitete Trauer und ›Burnout‹ an.«) oder das Göttinger Projekt Theratalk, das sich auf seiner Homepage (www.theratalk.de) als »die weltweit erste und bisher auch einzige Paartherapie, Eheberatung bzw. Paarberatung online« präsentiert und für seine Online-Behandlung die gleiche Wirksamkeit wie eine entsprechende Therapie oder Beratung von Angesicht zu Angesicht beansprucht. Doch das Spektrum an seriösen Online-Therapieangeboten ist schmal, und Theorien und Studien zum Einsatz und zur Wirkung textbasierter Therapieformen sind rar.

Da bewegt sich die Autorin des dritten Beitrags, Karin Heller, in einem sehr viel heller ausgeleuchteten Raum. Sie befasst sich am Beispiel einer Selbsthilfe-Newsgroup zum Thema Angst mit den kommunikativen Strukturmerkmalen von psychosozialer Beratung im Internet. Newsgroups und Mailinglisten sind in der Internetforschung ein bevorzugtes Thema, nicht zuletzt weil sie problemlos zugänglich sind. Genau diese partizipative Struktur sowie die Möglichkeit, thematisch sehr gezielte Gruppierungen ins Leben zu rufen, macht das Internet für Selbsthilfegruppen zu einem Organisationsmedium par excellence. Weil in in diesen Newsgroups die Asymmetrie zwischen Experten und Laien entfällt und jeder Teilnehmer die Kontrolle darüber behält, was und wie viel von sich er oder sie – bei gewahrter Anonymität – mitteilen möchte, entstehen »soziale Räume«, in denen die schriftliche Kommunikation manchmal den Charakter von getippten Gesprächen annimmt und in denen sich, wie die Autorin in einer Fallanalyse zeigt, zuweilen eine soziale Nähe entwickelt, die für dieses Medium der Fern-Kommunikation ganz unerwartet ist.

Editorial

Eine weitere Türe stoßen schließlich noch Nicola Döring und Christiane Eichenberg in ihrem Beitrag auf, in dem sie darüber informieren, in welcher Weise Medien der mobilen Kommunikation (Handys, Notebooks etc.) mittlerweile im klinisch-psychologischen Bereich für diagnostische, therapeutische, rehabilitative oder evaluative Zwecke eingesetzt werden. Sie machen mit ihrem Text nicht nur auf eine höchst innovative Entwicklung der Telekommunikation aufmerksam, sondern erinnern auch daran, dass die gesellschaftliche Veränderung alltäglicher Kommunikationsmuster unvermeidlich auch in den kommunikativen Innenraum der therapeutischen Situation eindringt. Dass damit dann auch die Psychotherapie den abgeschotteten Kunstraum, in dem sie traditionell zelebriert wird, mehr und mehr verlässt, zu einem Bestandteil des Alltags wird und auf diese Weise vielleicht eine eher prothetische Funktion annimmt, ist nur die Kehrseite dieser Entwicklung.

Psychotherapie und Beratung per Internet und Handy sind heute vielleicht nicht mehr als ein Experimentierfeld. Die Vorstellung einer tiefen therapeutischen Beziehung ohne die mimisch-gestisch-körperliche Gegenwart eines anderen mag befremdlich erscheinen, das Vorhaben einer mehrwöchigen klinischen Intervention auf rein brieflicher E-Mail-Basis mag spontane Abwehr hervorrufen. Doch was die hier versammelten Beiträge deutlich machen, ist, dass es ein großer Fehler wäre, die kommunikativen Veränderungen, die die neuen Medien und Informationstechnologien mit sich gebracht haben (oder noch bringen werden) und die wir alle bereits in unsere Alltagsorganisation integriert haben, aus dem Bereich der klinisch-psychologischen Versorgung ausklammern zu wollen. Dass die unterschiedlichen Formen der technisch vermittelten Kommunikation die Zugangsbarrieren zu Beratungs- und Therapieeinrichtungen erkennbar absenken, wie in den einzelnen Beiträgen dieses Hefts übereinstimmend berichtet wird, ist nur eine – wenn auch keine gering zu schätzende – Implikation dieser neuen Kommunikationstechnologien. Man wird andere Effekte beobachten, man wird – hoffentlich – weiter experimentieren, und man wird auch darüber nachdenken müssen, inwiefern die bekannten Ansätze und Theorien zum psychotherapeutischen Geschehen, denen ja allen die Vorstellung einer Face-to-Face-Beziehung zugrunde liegt, im Hinblick auf textbasierte und kanalreduzierte Formen der therapeutischen Kommunikation umgeschrieben werden müssen.

Neben den thematisch fokussierten Beiträgen findet sich in dem vorliegenden Heft noch ein weiterer Aufsatz von Peter Rieker, der sich im Hinblick auf Delinquenz bei Kindern mit dem Problem befasst, wie sich die subjektiven Perspektiven von Eltern und Kindern zueinander in Beziehung setzen lassen. Die Ausrich-

Editorial

tung auf die subjektive Perspektive von Akteuren ist ja einer der Punkte, an dem psychotherapeutische Theorie und Praxis und qualitative Sozialforschung sich aufs Engste berühren. Für beide stellt sich gleichermaßen als sachhaltiges wie als methodologisches Problem die Frage, wie die Akteure ihre je subjektiven Perspektiven als subjektive Perspektiven erkennen, mit den subjektiven Perspektiven anderer abstimmen, Übereinstimmung herstellen oder mit Differenzen umgehen. Indem der Autor diese Fragen nicht primär als methodologische Fragen behandelt, sondern darauf bezieht, wie sie in einer Familie oder über Generationsunterschiede hinweg gelöst werden, liefert er Einsichten in familiale Verarbeitungsmuster, die für Kliniker ebenso wie für Familien- und Jugendsoziologen wertvoll sind.

Es ist eine bewusste Politik der Herausgeber, die Zeitschrift einerseits durch die langfristige Planung von Schwerpunktthemen zu gestalten, andererseits aber auch offen zu halten für eingereichte Manuskripte, die in besonderer Weise dem Anspruch der Zeitschrift gerecht werden, inhaltliche Fragestellungen aus dem weit definierten Bereich der Psychotherapieforschung in einem qualitativ-methodischen Problemhorizont zu bearbeiten. Am gelungensten erscheinen den Herausgebern dabei Texte, die erfolgreich ein sachhaltiges Thema gewissermaßen von innen her mit einer qualitativ-methodischen Fragestellung verbinden. Man lernt dann als Leser etwas über eine Sache in dem Maß, in dem sich einem eine methodische Problematik erschließt – und umgekehrt. Vielleicht ist das ja ganz allgemein ein brauchbares Kriterium für die Beurteilung der Güte eines wissenschaftlichen Textes.

Für die Herausgeber: Jörg Bergmann

Online-Beratung bei Arbeitsstörungen und Prüfungsängsten

Rüdiger Spielberg

Zusammenfassung
Obwohl keine eigene Störungskategorie in den derzeitigen Klassifikationssystemen, sind Arbeitsstörungen extrem beeinträchtigende Zustände. Der Beitrag liefert eine kurze Einführung in Arbeitsstörungen und Prüfungsängste mit einem Schwerpunkt auf chronischem Aufschiebeverhalten (engl. procrastination).
   Anhand zweier Fallvignetten wird Vorgehen und Inhalt bei der kognitiv-verhaltenstherapeutisch orientierten E-Mail-Beratung bei Klienten mit Arbeitsproblemen innerhalb eines Internet-Beratungsportals geschildert.
   Der Autor kommt zu dem Schluss, dass Online-Beratung aufgrund ihrer Niederschwelligkeit für Menschen mit starken Schamgefühlen hinsichtlich der Arbeitsproblematik eine Versorgungslücke schließen kann. Auch scheint die Vermittlung von spezifischen Skills, z.B. Lerntechniken auf diesem Weg möglich. Bei komplexen Arbeitsstörungen, die starken Bezug zu Persönlichkeitsakzentuierungen oder –störungen aufweisen, scheint längerfristige Online-Beratung aufgrund der Kanalreduktion des Mediums und der starken Vermeidungstendenz dieser Personengruppe weniger erfolgversprechend.

Key words
Arbeitsstörungen, Online-Beratung, Prüfungsängste, Aufschiebeverhalten, procrastination

1. Arbeitsstörungen und Prüfungsängste

»Arbeitsstörungen sind gravierende Probleme, die sich bei der Ausführung von Arbeitsaufgaben ergeben. Sie können negative Konsequenzen für die Ergebnisse der Arbeit haben, zu einer Beeinträchtigung des Wohlbefindens führen oder zu einer Schädigung des arbeitenden Menschen in körperlicher, psychischer und sozialer Hinsicht beitragen.«
(Hoffmann & Hofmann, 2004, S. 8)

Rüdiger Spielberg

Bei Arbeitsstörungen handelt es sich nicht um eine feste Störungskategorie im Sinne von ICD oder DSM. Im stationären oder ambulanten klinischen Setting sind jedoch häufig Personen anzutreffen, die – möglicherweise in Verbindung mit anderen unspezifischen Symptomen – gravierende Probleme beim Beginn oder der Fertigstellung von Arbeiten haben. Dieser Zustand kann sich bis zu einer kompletten Blockade auswachsen.

Symptomatisch sind hier vor allem Verschiebetendenzen hinsichtlich anstehender Aufgaben zu nennen. Rückert (1999) unterscheidet vier Formen des Aufschiebens: Das harmlose Aufschieben, das z. B. die Verschiebung einer Anschaffung umfasst, das problematische Aufschieben bei Aufgaben wie Steuererklärung oder dem Bügeln von Hemden, das bereits negative Auswirkungen haben kann. Als dritte Form nennt er das »harte Aufschieben«, das ein gewohnheitsmäßiges Aufschieben wichtiger, vorrangiger oder termingebundener Aufgaben umfasst. Diese Form der Verschiebung von Aufgaben erzeugt im Regelfall individuelles Leiden, Probleme mit anderen Menschen und vermindert das Selbstwerterleben. Die ausgeprägteste Form des Verschiebens ist schließlich die Blockade, bei der selbst vor unbedingt notwendigen Entscheidungen negative Gefühle wie Angst oder Ungewissheit eine Handlungsunfähigkeit erzeugen. Von dysfunktionalem Aufschieben kann man immer dann sprechen, wenn es zu einer Beeinträchtigung des Alltagslebens durch die Beeinträchtigung der Arbeitsfähigkeit kommt (vgl. Brownlow & Reasinger 2000).

Es liegen viele empirische Befunde zum Verschieben (engl: procrastination) vor, die negative Auswirkungen dieses Verhaltens auf die Lebenssituation der Betroffenen klar zeigen. So haben »Aufschieber« häufig Probleme, sich Ziele zu setzen und haben weniger Kontrolle über die ihnen zur Verfügung stehende Zeit (Lay & Schouwenburg 1993). Sie sind ängstlicher (McCown & Johnson 1991), verwenden mehr rationalisierende Kognitionen, sind weniger selbstreguliert und erhalten schlechtere Noten bei Prüfungen (Tuckman 2005).

Weitere Aspekte von Arbeitsstörungen sind chronische Überarbeitung oder Arbeitssucht oder die Angst vor Prüfungssituationen mit einer weitreichenden phobischen Vermeidung aller Reize, die an die Prüfung auch nur erinnern könnten. Der Schwerpunkt in diesem Artikel wird jedoch bei den »Verschiebern« liegen.

Es scheint nachvollziehbar, dass derartige Zustände, insbesondere, wenn sie über einen langen Zeitraum bestehen, invalidisierend wirken können. Neben psychischen Folgen wie Ermüdung, somatoformen Beschwerden, Panik, subdepressiver und depressiver Stimmung und Verlust der Zukunftsperspektive kommt es oft zu einer Verschlechterung der Arbeits- oder Studienleistung mit sozialen und wirtschaftlichen Folgen für den Betroffenen.

Die Hintergründe derartiger Arbeitsstörungen sind komplex. Es kann von einer Interaktion von Persönlichkeitsfaktoren mit Aspekten der Situation ausgegangen werden. König (1998) stellt ein Modell vor, in dem verschiedenen Persönlichkeitszügen typische Probleme bei der Arbeit gegenübergestellt werden. So wird beispielsweise der schizoide Typ als jemand beschrieben, der bei der Arbeit Networking und Small Talk vernachlässigt, was in bestimmten Positionen klar nachteilige Auswirkungen haben kann. Das Beispiel von Universitätsausbildung und Promotionszeit, die unter Umständen eine sehr gute Selbstregulationsfähigkeit erfordern, verdeutlicht jedoch, dass auch Situationen selbst hohe Anforderungen an das Individuum stellen können. Sind entsprechende Skills nicht vorhanden, kann es zu einer Arbeitsstörung kommen.

Ziel dieses Artikel ist es, anhand zweier Fallvignetten typische Themen von Online-Beratungsanfragen bei Arbeitsstörungen und Prüfungsängsten deutlich zu machen und gleichzeitig beraterische Möglichkeiten und Grenzen eines E-Mail basierten, kognitiv-verhaltenstherapeutisch orientierten Beratungsprozesses aufzuzeigen. Die geschilderten Erfahrungen und Schlussfolgerungen sind bewusst konkret und subjektiv gehalten.

2. Online-Beratung bei Arbeitsstörungen und Prüfungsängsten

Ein vorherrschender Affekt bei Menschen mit Arbeitsstörungen und Prüfungsängsten ist Scham, so dass Betroffene häufig lange Zeit keine professionelle Hilfe in Anspruch nehmen. Die Schwelle zum anonymen Online-Kontakt mit einem Berater ist hier mit Sicherheit niedriger, was zahlreiche Aussagen von Klienten zeigen.

Die konkrete Erfahrung des Autors mit Online-Beratung bei Arbeitsstörungen und Prüfungsängsten geht auf entsprechende Beratungstätigkeit im Portal www.psychologe.de (früher: www.expertenzentrale.de) zurück. Es handelt sich hierbei um kommerzielle Portale, bei denen der Ratsuchende aus einer Vielzahl von psychologischen Beraterprofilen wählen kann, die unterschiedlichen Themen zugeordnet sind. Um eine Anfrage an den Berater stellen zu können, ist eine Anmeldung im System notwendig. Innerhalb des Systems erhält der Ratsuchende einen Benut-

Rüdiger Spielberg

zernamen, unter dem er z.B. eine schriftliche Anfrage an den Berater seiner Wahl stellen kann. Der Berater erstellt dann ein schriftliches Beratungsangebot, das er dem Ratsuchenden mittels Formularfeld innerhalb des www. psychologe.de-Systems zukommen lässt. Entscheidet sich der Ratsuchende, das Angebot anzunehmen, wird ihm der vereinbarte Betrag belastet und er hat gleichzeitig die Möglichkeit, ergänzende Informationen an den Berater zu senden. Dem Berater ist es möglich, neben der textbasierten Beratung auch Dokumente ins System zu laden, die sich der Ratsuchende herunterladen oder ausdrucken kann.

Nach der Beratung hat der Klient die Möglichkeit, ein Feedback in Form von Schulnoten in Kombination mit einem Kommentar oder einer Nachfrage zu senden, die vom Berater innerhalb desselben Vorganges beantwortet werden kann.

Bei jedem Ereignis innerhalb des Beratungsvorganges werden Berater und Klient vom System automatisch per E-Mail informiert.

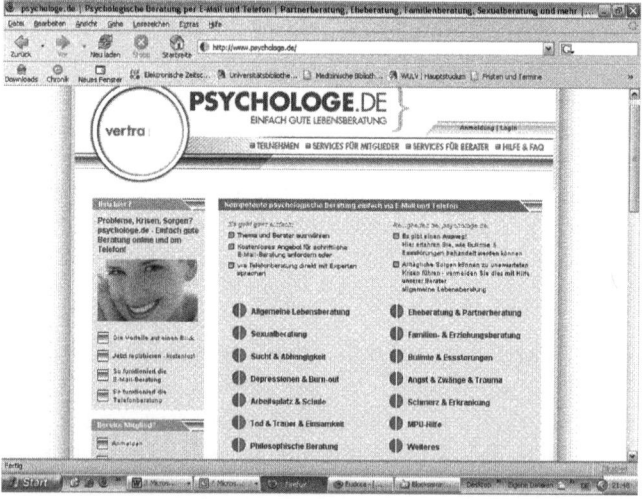

Die meisten vom Autor durchgeführten Beratungsvorgänge waren Einmal-Beratungen. Dies kann hypothetisch folgende Hintergründe haben:

- In vielen Fällen wird ein derart schwerwiegender und einschränkender Prozess beschrieben, so dass eine Online-Beratung seriöserweise ausschließlich das Ziel der Anbahnung einer Face-to-Face-Psychotherapie haben kann. Der Berater wird die Beratung dann entsprechend gestalten. Die erste unten geschilderte Fallvignette beschreibt eine derartige Situation.
- In anderen Fällen kann oder möchte der Klient möglicherweise nicht die Kosten für einen längeren Beratungsprozess aufbringen.

- Möglicherweise hatte der Klient Erwartungen an den Beratungsprozess, die sich in der Erstberatung nicht erfüllten.
- Ein weiterer Aspekt sind die starken Vermeidungstendenzen von Klienten mit Arbeitsstörungen und Prüfungsängsten, die ebenfalls weitere Kontaktaufnahmen verhindern können.

Worauf kommt es bei einer Online-Beratung bei Arbeitsstörungen und Prüfungsängsten an? Aus der Sicht eines klinisch tätigen Verhaltenstherapeuten sind folgende Fragen zu klären:

- In welchen Situationen tritt das Problemverhalten auf? Wie reagiert der Betroffene, welche Gedanken/Gefühle treten auf, welche Konsequenzen hat seine Reaktion?
- Welche Motivation besteht, das Ziel zu erreichen? Geht man von klassischen Erwartungs-mal-Wert-Modellen mit den Komponenten Allgemeine Aktivierung, Wert des Ziels und erwarteter Wahrscheinlichkeit, dass das Ziel eintrifft, aus, sind dies drei Aspekte, die erfragt werden können.
- Gibt es möglicherweise externe oder interne störungsaufrechterhaltende Bedingungen (z.B. Ängste vor dem Schritt ins Erwerbsleben nach Absolvierung der Abschlussprüfung)?
- Welcher Grad von Beeinträchtigung besteht durch das Problemverhalten? Hierbei sind z.B. die genannten vier Stufen des Aufschiebens hilfreich und detaillierte Auskünfte über das Vermeidungsverhalten und seine bisherigen psychischen, sozialen und wirtschaftlichen Folgen.
- Über welche Ressourcen und Skills verfügt der Patient? Welche Arbeitsstrategien werden angewandt? Macht er genügend Pausen? Werden ausreichend regenerative Tätigkeiten ausgeführt? Gibt es ggfs. therapeutische Vorerfahrung?
- Gibt es Hinweise auf begleitende psychische Störungen oder auffällige Persönlichkeitsakzentuierungen?

Besondere Bedeutung kommt dem Aspekt der automatischen Gedanken und Grundannahmen zu. Legt man das kognitive Modell sensu Beck zugrunde, ist davon auszugehen, dass Verhalten und Emotionen von situativen Kognitionen und den übergeordneten Grundannahmen beeinflusst werden.

Diese Grundannahmen oder beliefs sind persönlichkeitsnah, schwer zu verändern und erhöhen die Wahrscheinlichkeit bestimmter situativer Bewertungen.

Hoffmann und Hofmann (2004) nennen ein Beispiel für eine solche Grundannahme: »Arbeit muss Spaß machen. Ich muss mich für jeden Schritt voll motiviert fühlen, die Arbeitsbedingungen müssen nahezu optimal sein«. Dysfunktionale automatische Gedanken in einem derartigen Zusammenhang können z. B. sein »ich mache es später«, »jetzt ist nicht der richtige Zeitpunkt« oder »ich habe keine Lust«.

Ausgehend von der Erkenntnis, dass bei Menschen mit Arbeitsstörungen und Aufschiebetendenzen häufig eine negative Selbstregulation über dysfunktionale automatische Gedanken wie den gerade dargestellten stattfindet, und alternative Gedanken positive handlungssteuernde Wirkung haben können, versuchte Topman (2003) mit Hilfe einer Online-Darbietung von hilfreichen »Slogans« eine therapeutische Minimalintervention für Studenten mit Verschiebetendenzen anzubieten. Dabei kamen Slogans zum Einsatz, die unterschiedliche theoretische Hintergründe hatten, so z. B. »Verschieben ist verhängnisvoll für mein Studium« (Konfrontation mit negativer Konsequenz) oder »ich kann mit dem Verschieben aufhören und meine Studienergebnisse verbessern (Selbstwirksamkeit) oder »studiere, weil Du es Dir wert bist« (Werbung).

Der Autor ging der Frage nach, welche Gruppe von »Vermeidern«, klassifiziert nach den Ergebnissen des ebenfalls online vorgegebenen Procrastination Tests von Lay welche Art von hilfreichem Slogan bevorzugten. Es zeigte sich, dass Studenten mit mittlerer Vermeidungstendenz eher den selbstwirksamkeitsbezogenen Slogan bevorzugten, während Studenten mit starker Vermeidungstendenz eher den Slogan mit der Konfrontation mit negativen Folgen des Aufschiebens wählten.

Dies ist zwar noch keine abschließende Aussage über die Wirksamkeit solcher hilfreicher Slogans auf akademisches Vermeidungsverhalten, stellt jedoch einen interessanten Befund dar, der die Autoren zu dem Schluss veranlasst, dass möglicherweise eine Kombination aus beiden Typen bei der Entwicklung hilfreicher Selbstinstruktionen nützlich sein könnte.

3. Typische Fragestellungen von Klienten einer Online-Beratung zu Arbeitsstörungen und Prüfungsängsten und Schwerpunkte der Beratung

Im Folgenden sollen zwei Fallvignetten die Beratung bei Arbeitsstörungen und Prüfungsängsten illustrieren.

Die erste Anfrage kam von einem Mann Mitte 20, der hinsichtlich seines Studiums eine Lebensblockade beschrieb und keine adäquate Perspektive für sich entwickeln konnte. Die zweite Anfrage kam von einer jungen Frau, die eine Beratung für ihren Freund benötigte, der unter »black-outs« in Prüfungssituationen litt. Beide Anfragen wurden so überarbeitet und verändert, dass Rückschlüsse auf den Urheber nicht möglich sind.

3.1 Erste Beratung: Mann Mitte 20

Klient:
Sehr geehrter Herr Spielberg. Mein Anliegen konnte ich in ihrer Beschreibung am besten einordnen. Ich bin jetzt Mitte 20 und habe noch keinen Berufsabschluss. Ich habe Abitur und Zivildienst gemacht. Danach begann eine verzweifelte Suche nach einem möglichen Studienfach. Aufnahme eines Wirtschaftsstudiums, Abbruch dessen, Aufnahme eines Humanmedizin-Studiums, erneut abgebrochen, dann längere Zeit jobben und herumreisen, dann erneuter Versuch eines Wirtschaftsstudiums, welches ich aus Desinteresse erneut schleifen ließ. Jetzt bin ich immer noch eingeschrieben, aber nur um den wirtschaftlich günstigen Status zu behalten, und gehe mir meinen Lebensunterhalt durch gelegentliche Jobs verdienen. Meine Situation »nervt« mich schon seit einem Jahr vor meinem Abitur. Der Gedanke an einen konventionellen Lebenslauf mit Erwerbstätigkeit... löst in mir meistens eher gefürchtete Langeweile und jede Menge andere schlechte Emotionen aus. Eigentlich bleibe ich unter meinen Möglichkeiten, sehe aber keine Freude an den mir bekannten Lebens/Arbeitsperspektiven. Dieser Umstand belastet meine Familie, und die belastet dann mich zurück. Alles zusammen sehr belastend. Meine Familie unterstützt mich allerdings wenn ich versuchen will mein Problem zu lösen.(finanziell, organisatorisch) Ich hoffe das klingt jetzt nicht alles zu sehr nach Wohlstandssohn und die Schilderung meines Zustands ist für sie aufschlussreich, so dass sie eine Möglichkeit sehen mir zu helfen. Wenn nicht gebe ich gern mehr Auskunft.

Berater:
Ich bedanke mich erst einmal für Ihr Vertrauen. Sie schildern einen seit Schulzeiten anhaltenden Prozeß, der Sie, was Studium und Ausbildung angeht, nicht »bei der Stange bleiben« läßt.

Arbeitsstörungen sind sehr komplexe Gebilde. Sie deuten negative Gefühle an, die auftreten, wenn Sie sich mit dem Thema »konventioneller Lebenslauf mit Erwerbstätigkeit« befassen.

Für eine individualisierte Beratung sind für mich eine genauere Beschreibung derartiger Situationen notwendig, da die Ursachen für ein berufliches »Steckenbleiben« sehr unterschiedlicher Natur sein können. Das heißt, mein Vorschlag ist, dass Sie vorerst zwei Situationen näher beschreiben, die für Ihr Problem typisch sind, negative Gefühle erzeugen und die Sie als änderungswürdig ansehen.

Rüdiger Spielberg

Sie können diese einfach nach folgendem Muster beschreiben:

1. *Situation: Was war, wann, wo und mit wem?*
2. *Gedanke: Was ging Ihnen in der Situation durch den Kopf?*
3. *Gefühl: Wie war Ihr Empfinden in der Situation (z. B. Ärger, Freude, Traurigkeit, Langeweile, Angst...)*
4. *Verhalten: Was haben Sie getan?*

Bitte teilen Sie mir auch mit, wie Ihre sonstigen Lebensverhältnisse sind (Wohnsituation, Partnerschaft, Freundeskreis), damit ich mir ein detailliertes Bild von Ihnen machen kann.

Zum Beratungsprozeß selber: Eine Online-Beratung wird Ihr Problem nicht nachhaltig lösen. Sie ist jedoch hilfreich bei der Initiierung erster Schritte, um gegen das Problem anzugehen. Ich kann Sie genauer darüber informieren, welche Hintergründe Arbeitsstörungen haben; wir können erste Vorstellungen darüber entwickeln, wie Ihre Situation einzuordnen ist und welche Möglichkeiten es für Sie gibt, vor Ort selbst und ggfs. mit fremder Hilfe die Situation anzugehen. Teilen Sie mir deshalb bitte auch mit - falls das für Sie OK ist - aus welcher Region Sie kommen.

Der Klient konkretisierte die Anfrage und benannte zwei konkrete Situationen, von denen eine im Folgenden wiedergegeben ist:

Klient:
Situation: Sehr häufig erging es mir so. Ich wache morgens in meinem Bett in meinem Zimmer alleine auf.

Gedanke: Ich realisiere das ich immer noch als Student eingeschrieben bin und denke daran das meine Familie und Bekannten (und manchmal glaube ich der halbe Rest der mir bekannten Welt)und ich selbst von mir eine Beendigung meiner Fake-Studentensituation erwartet und ich aus den mir bekannten Alternativen und Folgemöglichkeiten (Ausbildung, Studium, Sozialhilfe, Ausreise, Fremdenlegion, (früher gelegentlich auch Selbstmord)...) etwas auswählen muss.
Ich denke das die Zeit drängt, ich immer älter werde und damit meine Chancen sinken.
Gefühl: Unter Druck sein, Anspannung, Verzweiflung, Hoffnungslosigkeit, Alles-schwarz-sehen, Sorge.

Verhalten: Ich rede mir selber gut zu dass ich erstmal entspannen soll, dass das Leben schon weiter gehen wird, das das heute trotzdem ein sehr guter Tag werden kann, dass ich erstmal etwas arbeiten gehen sollte und Geld verdienen, das die anderen keinen so starken Einfluss auf meine Gefühle haben dürfen. Ich versuche mir selber an solchen Tagen eine Freude zu machen und höre ganz tief in mich rein was mir genau dann Freude bringen würde, was ich jetzt unabhängig von allem anderen gern tun würde und versuche das zu tun. Oft war das dann auch sowas wie Fernsehen, Frühstücken oder Computerspielen oder raus in die Natur gehen.

Diese Situation lässt sich meistens ähnlich um jede beliebige Tageszeit feststellen.

Der reflektierte Klient beschreibt einen jahrelangen Prozess, der von Desinteresse und Lustlosigkeit an beruflichen Aufgaben geprägt ist, was dann zum Abbruch der Aufgabe führt. Die in der Mikroanalyse geschilderte Situation illustriert sehr deutlich die Belastung, die durch den beruflichen Rückstand und das Fehlen einer Zukunftsperspektive ausgelöst werden kann. Bereits alltägliche Situationen lösen bilanzierende Grübeleien aus, die Hoffnungslosigkeit erzeugen. Andererseits wird auch deutlich, dass der Klient eine Reihe kurzfristig hilfreicher Gedanken einsetzt, um in der beschriebenen Situation Einfluss auf seine Stimmung zu nehmen.

In einem ersten Schritt werden geäußerte Gefühle des Patienten validiert; der Klient erhält eine wertschätzende Rückmeldung zur Schilderung seines Problems:

Berater:
Das Wichtigste vorweg: Ich habe tatsächlich den Eindruck, dass Sie in einer Situation sind, in der Sie Unterstützung benötigen. Offensichtlich löst allein der Gedanke an Ihren »Fake-Studentenstatus« eine Kaskade negativer Gefühle aus, die Sie ja in Ihrem Beispiel beschreiben. Es scheint bei Ihnen so etwas wie eine Lebensblockade vorzuliegen. Gut gewählt fand ich Ihre beiden Beispielsituationen. Die eine beschreibt Ihre Schwierigkeiten im Kontakt mit Menschen, die Sie erstens als erfolgreich wahrnehmen oder die Ihnen »gute Ratschläge« geben. Die zweite Situation beschreibt Ihre eigenen negativen Gefühle beim morgendlichen Erwachen.

Wie im Angebot an den Klienten formuliert, wurde in der Beratung ein Modell von Arbeitsstörungen entwickelt, das Vermeidung im Sinne instrumentellen Lernens als störungsaufrechterhaltende Bedingung beschrieb. Dabei wurden mehrere

Rüdiger Spielberg

Mechanismen benannt, die situativ zu Vermeidung führen können: Selbstunsicherheit, Perfektionismus und Vermeidung kränkender Situationen im Sinne eines narzisstischen Stils.

Es wurde versucht, durch gezielte Nachfragen eine genauere Reflektion ablaufender Mechanismen zu triggern, die zur beschriebenen Lebensblockade geführt haben:

Berater:
Auf Ihr Beispiel übertragen bedeutet das, dass Sie sich die Frage stellen müssten, was an den Ihnen bekannten Arbeitsmöglichkeiten so freudlos ist. Ist es die Tatsache, dass Sie andere Pläne haben (können Sie solche benennen, oder sind diese eher unklar)? Oder ist es die Tatsache, dass ein Teil von Ihnen die Befürchtung hat, den Anfordungen des Erwerbslebens nicht gewachsen zu sein. Oder haben Sie die Idee, dass der nächste Ausbildungsschritt der perfekte »ganz große Wurf« sein muss und Sie selbst keine Möglichkeit sehen, Ihren hohen Anforderungen zu genügen? (...)

Es folgte eine Zusammenfassung der wichtigsten Punkte, die aufgrund der Schwere und Chronizität der geschilderten Situation mit der klaren Empfehlung einer ambulanten Verhaltenstherapie verbunden wurden.

Berater:
Bisher können wir zusammenfassen:

1. *Arbeitsstörungen haben gute Gründe und sind Hinweis auf ein motivationales oder psychisches Ungleichgewicht.*

2. *Die damit verbundenen Gedanken und Verhaltensweisen sind sehr automatisiert und bedürfen genauerer (Selbst-) Beobachtung.*

3. *Meidung bestimmter Situationen oder Gedanken führt langfristig zur Verschärfung des Problems.*

4. *Hilfe ist möglich; dafür sollten Sie sich in Ihrem Wohnumfeld einen Ansprechpartner suchen. Hierum wird es im folgenden Abschnitt der Beratung gehen:*

Der zweite Teil der Beratung enthielt dann eine ausführliche Beschreibung von Verhaltenstherapie, die Unterscheidung auslösender und aufrechterhaltender Bedingungen, eine Schilderung des Ablaufs und wie der Zugang zu Therapeuten und die Finanzierung einer Therapie erfolgen kann.
Es erfolgten keine weiteren Beratungskontakte.

3.2. Zweite Beratung: Junge Frau

Klientin:
Sehr geehrter Herr Spielberg,

ich habe eine Anfrage zum Thema Prüfungsangst.

Mein Freund bildet sich zur Zeit nebenberuflich weiter.
Er tut sich beim Lernen eher schwer und muss sich den Stoff an den Wochenenden erarbeiten. Leider hat er in der Prüfung öfters einen sogenannten Black-Out. Zu Hause kann er die Aufgaben dann ohne Probleme lösen.

Das ist natürlich für ihn sehr ärgerlich. Wie kann ich meinen Freund unterstützen, damit er von der anscheinend existierenden Prüfungsangst loskommt?

Die Klientin wurde mittels einiger konkreter Nachfragen gebeten, Ihre Anfrage in einigen Punkten noch zu präzisieren, was sie auch tat. Die Schwierigkeit in diesem Fall bestand jedoch darin, dass die Klientin die Beratung nicht für sich selbst benötigte und die Möglichkeit einer mikroanalytischen Schilderung des Problemverhaltens deshalb nicht bestand.

Berater:
Ist Ihr Freund jemand, der sehr hohe Ansprüche an seine Leistungen stellt und gab es bereits Fälle, in denen er durch die Prüfung gefallen ist?

Was bedeutet die Weiterbildung für Sie und Ihren Freund?
Verschiebt Ihr Freund Prüfungsvorbereitungen oder lenkt er sich vom Lernen ab oder sind die geschilderten Black-Outs das einzige Problem?

Welche Folgen hatten die Black-Outs bisher?

Rüdiger Spielberg

Klientin:
Mein Freund ist bislang noch nicht in einer Prüfung durchgefallen. Er war in der Schule immer ein Schüler im unteren mittleren Leistungsbereich. Wie er selber sagt, war er damals teilweise einfach zu faul und hätte mit mehr Engagement bessere Noten erreichen können.
(...)
Er ist bei seiner jetzigen Weiterbildung sehr engagiert und möchte möglichst gute Leistungen erbringen. Ich denke, dabei lässt er sich auch durch mich beeinflussen. Da ich mich ebenfalls nebenberuflich weiterbilde, und vorwiegend sehr gute Noten schreibe, kann es durchaus sein, dass er sich unter Druck gesetzt fühlt, ebenso gute Noten zu schreiben. Wir haben bereits öfters darüber gesprochen, dass ich für ihn kein Maßstab bin, sondern er die Weiterbildung für sich selber gut durchlaufen muss.
Leider gehört er nicht zu den Menschen, denen das Wissen quasi »zufliegt«. Er tut sich beim Lernen eher schwer und benötigt viel Zeit für die Stoffnachbearbeitung.
Er arbeitet in seiner Freizeit konsequent am Schulstoff – besonders vor Prüfungen. Sein Zeitmanagement und seine Organisation haben sich seit Beginn der Weiterbildung deutlich verbessert. Er versucht bereits frühzeitig den benötigen Stoff zu erlernen, um ausreichend Zeit zu haben, den Stoff mittels Übungen einzutrainieren. Aufgrund der Doppelbelastung Arbeit – Schule ist die Zeit jedoch sehr knapp und auf das Wochenende begrenzt. Dadurch und durch die Menge an unterschiedlichen Fächern ist es ihm oft nicht möglich, den Stoff umfassend einzuüben. Ich denke aus diesem Manko heraus wächst seine Unsicherheit, den Stoff evtl. nicht prüfungssicher zu beherrschen. In der Prüfung kommt es dann zum Black-Out. Im Nachhinein kann er sich die Situation selber nicht mehr erklären. Er ist sich bewusst, dass er den Stoff eigentlich zum Großteil verstanden hatte, und eine Leistung im mittleren Leistungsbereich möglich gewesen wäre.
Natürlich ist er dann über sich selber sehr verärgert.
Durch die verpatzten Prüfungen entsteht für die nachfolgenden Prüfungen ein zusätzlicher Druck die schlechte Note ausgleichen zu müssen, damit das Jahr bestanden wird. (...)
Ich versuche, so weit es mir möglich ist, ihm den Rücken möglichst frei zu halten und ihn zu unterstützen.

Die nachfolgende Beratung musste aufgrund der im Vergleich zu einer Beratungsanfrage, die vom Betroffenen selbst gestellt wird, geringeren Informationsdichte allgemeiner ausfallen.

Im ersten Schritt ging es jedoch erneut um die Entwicklung eines Modells für die als belastend empfunden Black-Outs:

Berater:
Blackouts, dass heißt, die vorübergehende Unfähigkeit, sich an bestimmte erlernte Gedächtnisinhalte erinnern zu können, entspringen in der Regel sehr starken Anspannungszuständen, wie sie z. B. durch Angst hervorgerufen werden können.
Bezogen auf Prüfungen ist meist eine unzureichende oder nicht effiziente Vorbereitung und/oder vor oder in der Prüfungssituation auftretende negative Gedanken, die wiederum Angst, Unbehagen, Unruhe und Konzentrationsschwierigkeiten erzeugen, die Ursache.
Sie lesen richtig: Erst kommen die Gedanken, dann die Gefühle. Das heißt auch, dass es für belastende Situationen Gedanken gibt, die hilfreich sind und zu gelassener Stimmung führen und solche, die wenig hilfreich sind und zu den genannten Anspannungs- und Angstzuständen beitragen. Wenig hilfreiche Gedanken in Prüfungen beziehen sich häufig auf die eigene Fähigkeit (»ich bewältige den Stoff einfach nicht«; »ich bin nicht klug genug« oder auf Aspekte des Prozesses (»wenn ich diese Frage schon nicht beantworten kann, ist die Prüfung für mich gelaufen«; »ich muss alle Fragen perfekt beantworten können; wenn das nicht der Fall ist, ist das ein sehr schlechtes Zeichen«).
Hilfreiche Gedanken beziehen sich auf oft auf schwierige Situationen der Vergangenheit, die man bereits gemeistert hat (»ich habe schon die Situation x und y gemeistert und deshalb werde ich diese Prüfung auch schaffen«), auf die Vorbereitung (»ich habe mich gründlich vorbereitet und kann deshalb ruhigen Gewissens in die Prüfung gehen«) oder wiederum auf Aspekte des Prozesses (»Wenn ich nicht alle Fragen sofort und perfekt beantworten kann, heißt das noch lange nicht, dass ich die Prüfung nicht bestehen werde.«)

Die genannten hilfreichen Gedanken können nur Beispiele sein. Ihre und die hilfreichen Gedanken Ihres Freundes sind natürlich individuell. Gedanken, die für Sie persönlich hilfreich sind, müssen für Sie glaubhaft sein.
(...)
An dieser Stelle stoßen wir auf eine kleine Schwierigkeit: Man findet nämlich häufig keine geeigneten hilfreichen Gedanken für eine Prüfungssituation, weil man sich die persönlichen Ansprüche, mit der man

Rüdiger Spielberg

in die Situation geht, nicht bewusst macht und deshalb gar nicht merkt, dass diese überzogen oder unerreichbar sind.
So kann man z. B. mit dem Anspruch in die Prüfung gehen, die beste Prüfung mit dem besten Einsprechthema, die der Prüfer in seiner gesamten Laufbahn erlebt hat, abzuliefern. Bereits in der Vorbereitung kann Unruhe, Unlust und Frustration auftreten, ohne dass man genau weiß warum. Dieser Anspruch ist häufig unausgesprochen oder unbewusst.
Aus diesem Grund ist es in Ihrem Fall, bzw. dem Fall Ihres Freundes wichtig, sich seine eigenen Ansprüche zu vergegenwärtigen. Eine Möglichkeit, dies für sich selbst zu tun ist die, dass man arbeits- oder prüfungsbezogene Situationen, in denen Stress und/oder gedrückte Stimmung aufgetreten sind, mal daraufhin betrachtet, welches Gefühl (z. B. Ärger, Freude, Traurigkeit, Enttäuschung, Bitterkeit etc.) man gerade gehabt hat und welcher Gedanke dies ausgelöst hat. Schaut man sich eine Weile derartige Situationen an, dann ist es sehr wahrscheinlich, dass man Zugang zu seinen individuellen gedanklichen Stressquellen bekommt. (...)

Auffallend war jedoch die angesprochene Asymmetrie in der Paarbeziehung, die durch die bestehenden Lern- und Prüfungsschwierigkeiten des Freundes entstand, so dass auch diese als möglicher Belastungsfaktor benannt wurde:

Berater:
In diesem Zusammenhang ist auch die von Ihnen angedeutete Konkurrenzsituation in der Beziehung zu sehen. Selbst wenn Sie Ihrem Freund hundertmal sagen, dass Sie für ihn nicht der Maßstab sein können, SIND Sie selbstverständlich für ihn ein Maßstab – denn Sie sind Vermutlich der wichtigste und nahestehendste Mensch in seinem Leben. Da ist man selbstverständlich Maßstab. Ich könnte mir vorstellen, dass eine solche bewusste oder unbewusste Konkurrenz in Ihrer Beziehung einen Teil der Leistungsansprüche Ihres Freundes ausmachen kann. Da Sie offensichtlich einen anderen Bildungshintergrund haben, Ihnen das Lernen leichter fällt als ihm und Sie möglicherweise in vieler Hinsicht treibende Kraft in der Beziehung sind, kann es zu einer Schieflage in der Beziehung kommen.

In einem solchen Fall ist es wichtig, den Partner nicht als Patienten zu sehen und zu behandeln, der nicht mehr richtig funktioniert, sondern ihm gegenüber einerseits auch Bereiche und Situationen zu benennen, die er gut bewältigt hat und in denen er möglicherweise auch viel kompetenter ist als man selbst. Andererseits ist es wichtig, ihm auch sein Vertrauen auszusprechen und deutlich zu machen, dass man Vertrauen in seine Fähigkeiten hat und er die Prüfungssituation (und auch andere Situationen!) schon bewältigen wird (Sie müssen dies aber glauben können, sonst sind Sie nicht überzeugend).

Es wurden als weitere Belastungsfaktoren die Doppelbelastung durch Arbeit und Ausbildung und die möglicherweise fehlende partnerschaftliche Festlegung, wann wieder mit einem »normalen« Leben zu rechnen sei, genannt. Als weitere konkrete Strategie zur Behebung von Lernschwierigkeiten wurde die SQ3R-Methode vorgestellt, die konkrete Schritte beim Umgang mit zu lernenden Texten vorgibt.
Auch diese Beratung war eine Einmalberatung.

4. Diskussion: Chancen, Grenzen, Schwierigkeiten

Beide geschilderten Beratungsfälle zeigen, dass Online-Beratung eine niederschwellige Interventionsmöglichkeit bei Arbeitsstörungen und Prüfungsängsten sein kann.

Die Hauptprobleme für den Berater bestehen in der stark begrenzten Informationsmenge und der Kanalreduktion, durch die visuelle und akustische Hinweisreize wegfallen. Interaktivität ist bei der E-Mail-Beratung im beschriebenen Setting in nur sehr begrenztem Maße gewährleistet. Häufig wird sowohl die belastende Situation als auch das Beratungsanliegen derart unscharf formuliert, dass ausführliche Nachfragen erforderlich sind, was jedoch auch eine erhöhte Schwelle für den zu Beratenden darstellen kann, den Beratungsprozess fortzusetzen.

Ein Vorteil gegenüber dem gesprochenen Wort im klassischen Setting ist allerdings, dass der Beratungsvorgang unter der Maßgabe, dass Berater und Beratener eine Kopie behalten, permanent verfügbar ist. Um in herkömmlichen Psychotherapien einen ähnlichen Effekt zu erzielen, muss der Patient deshalb angehalten werden, ein »Therapiebuch« mit den wichtigsten Fragen und Erkenntnissen zu führen.

David (2002) schildert als mögliche Folge der Kanalreduktion und der damit verbundenen selektiven Selbstdarstellung des Klienten eine erschwerte Möglichkeit, ich-syntone Störungen oder Störungsmechanismen im Online-Setting aufzuspüren. Diese Ansicht wird vom Autor grundsätzlich geteilt. Eine hilfreiche Technik, dennoch eine am Beratungsanliegen beteiligte Achse II-Akzentuierung oder -störung zu erkennen, ist der oben geschilderte mikroanalytische Ansatz.

Arbeitsstörungen, die wie geschildert häufig einen Bezug zu akzentuierten Persönlichkeitsmerkmalen haben, per se zwar ich-dyston sind, aber eine Reihe hochautomatisierter Verhaltensweisen enthalten, lassen sich aus Sicht des Verfassers dauerhaft nur schwer in einem Setting wie dem beschriebenen behandeln. Ein Hintergrund dieser Einschätzung ist die ausgeprägte Vermeidungstendenz dieser Personengruppe, die auch eine kontinuierliche Teilnahme in einem wenig formalen Setting wie einem Online-Beratungsprozess zweifelhaft erscheinen lässt. Topman (2003) berichtet in diesem Zusammenhang über das Digital Coaching Project der Universität Leiden, bei dem Studenten mit Aufschiebeverhalten Übungen durchführten, Texte lasen und E-Mails verfassten. Er kommt dabei zu folgendem Schluss: »However the tenacity of procrastination is strong. Not surprisingly, the dropout rate was rather high, nearly 50%.«

Als wertvoll und echte »Versorgungslücke« erscheint dem Verfasser dabei aber die Möglichkeit, mittels Online-Beratung eine Gruppe von Menschen zu erreichen, die aufgrund starker Schamgefühle sonst keine Hilfe gesucht hätten. Auf diesem Weg kann eine Psychotherapie gebahnt werden; Hemmschwellen werden reduziert.

In leichteren Fällen scheint es zudem möglich, mittels Onlineberatung spezifische Skills zu vermitteln. So konnte beispielsweise Van Eerde (2003) zeigen, dass Angestellte, die ein Zeitmanagement-Training durchliefen, ihr Aufschiebeverhalten und resultierende Sorgen allein dadurch reduzieren konnten. Eine solche konkrete Vermittlung von Skills kann durchaus auch online erfolgen und geschah beim zweiten hier geschilderten Fall in Form der Vermittlung der SQ3R-Arbeitstechnik. Hier wäre auch ein kürzerer Beratungsprozess denkbar, der interaktiv ist und Feedback über Teilerfolge ermöglicht.

Zusammenfassend gilt auch für die Online-Beratung von Arbeitsstörungen und Prüfungsängsten die bereits vertretene Auffassung (vgl. Spielberg & Ott, 1999; Burgmer & Spielberg 2000), dass es sich bei Online-Angeboten um ein niederschwelliges Angebot handelt, das herkömmliche Beratung und vor allem Therapie ergänzen, aber nicht ersetzen kann.

Anzeige

SYMPOSIUM ZUM 150. GEBURTSTAG VON SIGMUND FREUD

5./6. MAI 2006
AULA RÄMIBÜHL CÄCILIENSTRASSE 1 8032 ZÜRICH

WWW.FREUD-INSTITUT.CH

UNTERWELT IN AUFRUHR

Schweizerische Gesellschaft
für Psychoanalyse SGPsa / IPA
Freud-Institut Zürich
Zollikerstrasse 144, 8008 Zürich

Sekretariat Freud-Institut Zürich
Tel. +41 (0)52 266 01 10
Fax +41 (0)52 266 01 02
info@freud-institut.ch

Andreas Jacke
MARILYN MONROE
UND
DIE PSYCHOANALYSE

2005 · 200 Seiten · Broschur
EUR (D) 19,90 · SFr 34,90
ISBN 3-89806-398-4

Marylin Monroe war die letzten acht Jahre ihres Lebens fast kontinuierlich in psychoanalytischer Behandlung. Andreas Jacke unternimmt ausgehend von den zu Lebzeiten vorgenommenen Diagnosen und mit Hilfe der Theorie des französischen Psychoanalytikers Jacques Lacan eine eingehende psychoanalytische Re-Konstruktion ihrer Persönlichkeit. Er untersucht und interpretiert dazu wichtige Stationen ihrer Kindheit und Jugend, die oft und gut dokumentiert worden sind, ebenso wie ihre langwierige psychische Problematik, die ihrem Selbstmord vorausging.

P⊞V
Psychosozial-Verlag

Goethestr. 29 · 35390 Gießen · Tel. 0641/9716903 · Fax 0641/77742
bestellung@psychosozial-verlag.de · www.psychosozial-verlag.de

Psychotherapie & Sozialwissenschaft 2/2005 27

Literatur

Brownlow, S.; Reasinger, R.D. (2000): Putting off until tomorrow what is better done today: Academic procrastination as a function of motivation toward college work. J Soc Behav Pers 15(5), 15-34.

Burgmer, M.; Spielberg, R. (2000): Psychotherapie im Internet? Psychotherapie im Dialog, 1, 77-81.

David, N. (2002): Online Therapie - Eine Einführung. [Online-Dokument] URL: http://www.fob.uni-tuebingen.de/fachpublikum/forschung/uebersichtsartikel.php?page=1

Hoffman, N.; Hofmann B. (2004): Arbeitsstörungen. Weinheim (Beltz).

König, K. (1998): Arbeitsstörungen und Persönlichkeit. Bonn (Psychiatrie-Verlag).

Lay C. H.; Schouwenburg, H. C. (1993): Trait procrastination, time management, and academic behavior. J Soc Behav Pers 8, 647-662.

McCown, W.; Johnson, J. (1991): Personality and chronic procrastination by university students during an academic exam period. Pers. Individ. Differ 12, 413-415.

Rückert, H.-W. (1999): Schluss mit dem ewigen Aufschieben. Frankfurt/M. (Campus).

Spielberg, R.; Ott, R. (1999): Psychotherapie und Beratung im Netz - Was geht, was geht nicht? Psychomed 11, 123-128.

Topman, R. (2003): Digital coaching and beyond. [Online-Dokument] URL: http://www.leidenuniv.nl/ics/sz/so/presentation/columbus/present-columbus.htm

Tuckman, B.W. (2005): Relations of academic procrastination, rationalizations, and performance in a web course with deadlines. Psychol Rep 96(3), 1015-21.

Van Eerde, W. (2003): Procrastination at work and time management training. J Psychol 137(5), 421-434.

Psychosoziale Beratung in einer Selbsthilfe-Newsgroup zum Thema Angst

Karin Heller

Zusammenfassung
In dem Beitrag werden anhand eines konkreten Austausches in einer Selbsthilfe-Newsgroup die netzspezifischen Aspekte von Kommunikation analysiert und Strukturmerkmale von psychosozialer Beratung im Internet herausgearbeitet. Es zeigt sich, dass die Besonderheiten der textbasierten Netzkommunikation und Anpassung der Nutzer an deren Erfordernisse dazu führen, dass Hemmschwellen herabgesetzt werden, ein größeres Kontrollerleben ermöglicht wird und Kommunikation als gleichberechtigte Interaktion erfolgen kann. Über diese veränderten Kommunikationsstrukturen werden neue soziale Räume geschaffen, die – trotz medialer Einschränkung – eine besondere Form der Nähe und Vertrautheit zulassen.

Allen Annahmen über das vermeintlich distanzierte Medium zum Trotz lassen sich gerade in der Internetkommunikation vorteilhafte Bedingungen für Beratung finden.

Key words
Newsgroup, Beratung, Selbsthilfegruppe, Angst, Internetkommunikation, Anonymität, Schriftlichkeit, Kontrollierbarkeit

1. Einleitung

Psychosoziale Beratung hat sich als eine unter zahlreichen Kommunikationsformen im Internet etabliert. Diese Entwicklung liegt nahe, denn zum einen verändern sich moderne Gesellschaften mit ihrem hohen Anspruch an Information und Wissen zunehmend zu Beratungsgesellschaften (vgl. Bergmann, Goll & Wiltschek 1998) und zum anderen ist das Internet inzwischen zu einem Massenkommunikationsmittel geworden. Neben E-Mail, Chat und Mailinglisten sind es vor allem auch Newsgroups, die von Ratsuchenden als Medium ausgewählt werden. Trotz der – auf den ersten Blick überwältigenden – Vielfältigkeit und Unüberschaubarkeit von psychosozialer Beratung im Internet lassen sich spezifische Strukturmerkmale bestimmen. In manchen Punkten sind Parallelen zur herkömmlichen Face-to-Face-Beratung zu finden, trotzdem gibt es einige spezifische Merkmale der Netzberatung, die sich von der traditionellen Beratung unterscheiden. In der Literatur wird unter psychosozialer Beratung häufig eine formelle Situation verstanden, in der sich eine Beziehung zwischen Ratsuchendem und professionellem Berater konstituiert und die Möglichkeit besteht, gemeinsam Problemsituation und Lösungsvarianten zu explorieren (vgl. Döring 2000, Dietrich 1988). Dadurch steht die Beratung natürlich in enger Verwandtschaft zur Therapie. Kennzeichnend für Beratung ist jedoch die Intention, zur Lösung eines Problems hinzuführen und nicht die Lösung selbst zu geben. Berater haben die Funktion des Unterstützers und Begleiters.

Trotzdem gibt es nach meiner Auffassung aber auch Beratungstypen, für die eine formelle Beziehung zwischen Ratsuchendem und Berater nicht unbedingt erforderlich ist. Dazu gehört die Arbeit von Selbsthilfegruppen. Unter dieser Annahme ist die obengenannte Definition entsprechend ungenügend, sie beschreibt hauptsächlich einen bestimmten Beratungstyp. In der erfolgreichen Arbeit von Selbsthilfegruppen findet Beratung ohne professionelle Helfer statt, bei der eine Beziehung aus gleichberechtigten Partnern entsteht, über die versucht wird, Hilfe zur Selbsthilfe zu geben.

Im Internet werden für beratende Beziehungen verschiedene Kommunikationskanäle (Newsgroups, Mailinglisten, IRC, Chats und mehrere E-Mails) genützt, die im Gegensatz zur Face-to-Face-Kommunikation rein textbasiert sind. Da es keine Kopräsenz, sondern entweder eine asynchrone (E-Mail, Mailinglisten, Newsgroup) oder synchrone Telekommunikation (Chat, IRC) gibt, hängt der Erfolg der Beratung v. a. auch von der Fähigkeit der Beteiligten ab, sich auf die Besonderheit dieses Mediums (und die damit verbundenen Schwierigkeiten, vgl. Probleme bei der Netzberatung) einzustellen (Döring 2000). Ob bei einem einmaligen E-Mail-Austausch noch von Beratung gesprochen werden kann, ist nach der Meinung einiger Autoren (Döring 2000, Janssen 1998) fraglich. Handelt es sich dabei v. a. um den Austausch eines Ratschlags, unterscheidet sich dieser Kontakt vermutlich nicht von der Qualität eines Kummerkastens.

Die Themen in der Internet-Beratung sind so vielfältig wie die Themen im nichtvirtuellen Leben auch. Sie reichen von allgemeiner Lebensberatung, Ehe- und Paarberatung, Sexualberatung über Erziehungsfragen hin zu Beratung bei psychischen oder körperlichen Störungen, aber auch Hilfe bei Stressbewältigung und bei Leistungsstörungen.

Neben den Beratungsdiensten auf verschiedenen Homepages, beispielsweise von
namhaften gemeinnützigen Vereinigungen wie der Telefonseelsorge der katholischen Kirche oder Pro Familia sowie der professionellen Hilfe von Psychotherapeuten, werden von Ratsuchenden häufig Diskussionsforen (Newsgroups und
Mailinglisten) zur Unterstützung ausgewählt. Insbesondere Selbsthilfegruppen
nützen diese Internetdienste zu Informations-, Austausch- und Beratungszwecken.
Zielgruppen der Internetberatung sind Personen, die sich herkömmliche Beratung
nicht leisten können, ein gewisses Maß an Distanz gegenüber Beratern/Therapeuten wahren wollen (Schwellenangst), in schlechter psychosozialer Infrastruktur
leben oder wegen körperlicher Behinderung die herkömmliche Beratung nicht in
Anspruch nehmen können oder wollen (Taubstumme, Schwerhörige, ans Haus
Gebundene etc.). Über die soziodemographische Zusammensetzung von Usern,
die das Beratungsangebot im Internet nutzen, fehlen jedoch noch genauere
Untersuchungen. Manche Autoren (Janssen 1998; Döring 2000; Christl 2000)
vermuten, dass sich, im Vergleich zu den klassischen Beratungsangeboten, im
Internet eher jüngere Menschen und mehr Männer melden als Frauen.

Natürlich sind die Themen der Beratung im Internet, wie im herkömmlichen
Beratungssetting auch, niemals einzigartig. Von Lebenskrisen, psychischen Erkrankungen etc. sind eine Vielzahl von Menschen betroffen, die jedoch alle eine
individuelle Lösung ihres Problems suchen. Kennzeichnend für den hier vor allem
diskutierten Teil der Internetberatung ist die Öffentlichkeit der Kommunikation.
Bei einigen Kommunikationsformen, wie Newsgroups, Mailinglisten oder veröffentlichten E-Mail-Anfragen, profitieren sehr viele Internetnutzer über passives
Mitlesen (sog. »Lurking«), ohne direkt Adressat der Beratung zu sein.

Ähnlich dem Leben außerhalb des Internet lässt sich kaum ein umfassendes und
zuverlässiges Bild der Beratungsangebote im Internet anfertigen, zu groß ist die
Anzahl, die thematische Vielfalt sowie die Art der Institutionalisierung und Nutzung. Außerdem kommen ständig neue Beratungsangebote ins Netz, verschwinden
wieder oder verändern ihr Erscheinungsbild. Die Suche nach der richtigen Beratungsform im Internet kann langwierig und mühsam sein, sie gehorcht sicherlich
nicht dem Anspruch von technischer Rationalität. Viele Ratsuchende experimentieren mit einer Reihe von Beratungsszenarien im Internet, bis sie eine befriedigende Unterstützungsform gefunden haben. Häufig mündet die Suche am Ende
in einer Beteiligung an einem Diskussionsforum (Newsgroup oder Mailingliste),
bei der ein persönlicher Austausch unter Gleichgesinnten als sehr hilfreich empfunden wird (vgl. Jaeger 1998).

Karin Heller

Die folgende Fallanalyse macht die netzspezifischen Aspekte der Kommunikation in einer Selbsthilfe-Newsgroup deutlich. Es werden die Besonderheiten von textbasierter Netzkommunikation und die Anpassung der Nutzer an deren Erfordernisse analysiert.

2. Spezifische Kommunikationsstrukturen in einer Selbsthilfe-Newsgroup: Eine Fallanalyse

Ein Teil der zahlreichen Newsgroups im Internet beschäftigt sich mit psychologischen, sozialen oder medizinischen Problemen. Darunter fallen einige Selbsthilfe-Newsgroups (z.B. bei den Hierarchien <alt.support.*> oder <soc.support.*> und einige wenige unter der deutschsprachigen Hierarchie: <de.etc.selbsthilfe*>). Da Newsgroups öffentlich sind, können sie jeden Tag von einer unbegrenzten Zahl an Personen gelesen werden. In der dieser Analyse zugrundeliegenden Newsgroup <de.etc.selbsthilfe.angst> gehen täglich bis zu 30 und mehr Postings ein. Oft beteiligen sich mehrere Personen an einem Briefwechsel über ein spezielles Thema oder eine Anfrage. Häufig laufen mehrere Themenzweige (»Threads«) mit unterschiedlichen Themen parallel nebeneinander her (ein charakteristisches Merkmal von Online-Diskussionsforen). Konkret wird ein »realer« Briefwechsel, der sich aus dem Posting einer neuen Teilnehmerin ergeben hat, analysiert . Genau wie in Face-to-Face-Selbsthilfegruppen steht in Selbsthilfe-Newsgroups der Austausch unter Betroffenen im Vordergrund. So auch in der Newsgroup <de.etc.selbsthilfe.angst.de>. Während des Untersuchungszeitraums beteiligen sich etwa zehn Stammbesucher regelmäßig an diesem Forum. Andere Teilnehmer melden sich vereinzelt oder verschwinden nach einem einmaligen Briefwechsel wieder. Ein Mitglied (T.) nutzt dieses Forum besonders intensiv und postet meist mehrmals täglich zu den verschiedensten Themen. Diese Präsenz führt bei den anderen Teilnehmern nicht, wie bei anderen Newsgroups durchaus üblich, zu Ärger oder Antipathie. Im Gegenteil, seine rege Anteilnahme wird sehr begrüßt. Das im Folgenden aufgeführte Posting dieses Mitglieds zeigt anschaulich, welchen Stellenwert eine Newsgroup haben kann.

Lieber NG
Danke an alle die so schöne Kommentare über mein Präsenz in der NG geschrieben haben.
Ich bin sehr berührt. Es tut mir gut.
Aber vergißt nicht, daß ich ebenso soviel zurück jeden Tag von den NG erhalte.

*Für mich den Kontakt zu den NG ist eine wahre Art ›Therapie‹.
Mein Tag fängt an, morgens kurz nach neun und schalte den PC an und
gucke zum ersten was für mailing gibts in der NG.
Jede Stunde (ich habe den Vollzeit Tarif noch nicht) geh ich ins
Internet und checke
die NG. Da ich allein zu Hause bin, ist der NG meine einzige
Unterhaltung ›mit Freunde‹,
wo ich über allem diskutieren kann.
Es ersetzt für mich einen ›Selbsthilfegruppe‹.
Also danke nochmals an euch alle.
T.*

Die Teilnahme an einer Newsgroup im Internet ist für viele Personen auf das Lesen von Postings (»lurking«) beschränkt. Für andere wächst irgendwann das Bedürfnis sich selbst auch zu Wort zu melden. Der Übergang zur aktiven Teilnahme (sogenanntes »de-lurking«) erfolgt nicht selten mit einem Posting, das etwa so lautet wie in dem vorliegenden Fall:

*Hallo Ihr,
ich lese nun seit einigen Tagen im Hintergrund mit, da ich das auf die
Dauer nicht nett finde, dachte ich ich sage wenigstens mal kurz hi. Ob
ich hier richtig bin, darüber bin ich mir nocht nicht klar, ich habe
ziemlich mit einer speziellen Phobie zu kämpfen. Soweit ich bis jetzt
allerdings aus euren GBeiträgen entnommen hab, geht es in dieser news
nicht um spezielle Sachen.. oder? Hm, das war jetzt auch alles andere
als klar ausgedrückt ;).*

Bei dem Posting der neuen Teilnehmerin F. wird deutlich, dass viele Neulinge in der Newsgroup die Postings zunächst nur lesen. Schreiberin F. hat dafür nur einige Tage gebraucht. Andere Leser bleiben länger im Hintergrund, bis sie sich zu Wort melden, wiederum andere (der Großteil) schreiben nie. Wie Stegbauer und Rausch (2001) ermittelten, wird innerhalb 3–4 Monate – wenn überhaupt – der erste Beitrag gesendet, danach ist es unwahrscheinlich, dass noch gepostet wird. Im vorliegenden Fall entsteht bei der Schreiberin ein Art Verpflichtung sich an der Newsgroup zu beteiligen. In manchen Newsgroups wird es auch nicht gerne gesehen, wenn Internet-Nutzer nur als Zaungast fungieren und sich nie selbst zu erkennen geben. Charakteristisch für den Ablauf einer Beratung im Internet ist, dass die Betroffenen, wie in diesem Beispiel, irgendwann die Hemmschwelle durchbrechen und ihre Verborgenheit ein Stück weit verlassen, ohne die Anonymität

Karin Heller

wirklich aufzugeben. Die Schreiberin offenbart einen Teil ihrer Probleme, ist aber noch nicht sicher, ob sie in dieser Newsgroup an der richtigen Adresse ist. Die Kontrolle darüber wie viel und was sie preisgeben möchte, bleibt in ihrer Hand.

Im Folgenden sucht sie nach Orientierung, macht auf ihre ganz speziellen Probleme (s.o.) aufmerksam und betont, dass sie bis jetzt keine Gleichgesinnten (mit dem selben Problem) gefunden hat. Außerdem weist sie auf die Stärke der Belastung hin:

Also.. ich leide seit frühster Kindheit unter
einer sehr stark ausgeprägten Ärztephobie. Bis jetzt habe ich noch nie
jemand mit dem selben Problem gefunden, deshalb dachte ich ich schau
mal
bei Euch rein. Die sich daraus ergebenden Probleme sind extrem und
belasten mein Leben sehr stark. Z.B bekomme ich keine Therapie bezahlt
(weil ich ja nicht zu Ärzten gehen kann), komme nicht an medikamente
ran, kann es mir abschminken arbeiten zu gehen (könnte mich ja niemals
krank schreiben lassen) und vieles mehr. Nun Ja, das wars erst mal.
Liebe Grüsse F.

Obwohl sie kein direktes Anliegen formuliert, wird ihr Bedürfnis deutlich: Aufgrund der nach ihrer Meinung sehr speziellen Probleme kommt es zu Isolation und starken Beeinträchtigungen im Alltag. Indirekt sucht sie Unterstützung und Gleichgesinnte. Dabei spricht sie, wie in Newsgroups üblich, zunächst die gesamte Gruppe an (»Hallo, Ihr«).

Dieser Einstieg ist kennzeichnend für Selbsthilfe-Newsgroups. Die offen geführten Gespräche von Betroffenen animieren andere Mitlesende sich selbst zu offenbaren (eigene Schwierigkeiten werden mitgeteilt) und ermöglichen den Kontakt zu einer Gemeinschaft von Menschen, die die gleichen oder ähnliche Erfahrungen gemacht haben. Die Erleichterung nicht alleine dazustehen, Unterstützung und Hilfe mitzuerleben und Erfolgsgeschichten aus erster Hand zu hören, kann dazu ermutigen, sich mit den eigenen Problemen zu konfrontieren.

Ein solches De-Lurking löst üblicherweise eine Welle von öffentlichen Willkommens-Nachrichten aus. Aktive und regelmäßige Poster machen es sich häufig zur Aufgabe Neulingen behilflich zu sein und sind deshalb gute Ansprechpartner. In der vorliegenden Newsgroup antworten zwei Stammbesucher der Gruppe recht schnell (eine Stunde später). Antworter T., ein sehr bekannter und häufiger Schreiber der Newsgroup, postet als Erster:

Hallo F.,
willkommen im Club. Du bist nicht allein.
Ich versuche auch Ärzte und Krankenhäuser zu vermeiden, sowie die Pest.
Es sei denn Du Ärzte vermeidest weil in deinen frühere Kindheit ganz
schlimme Erfahrung, für längere Zeit, mit Ärzte gemacht hast,
dann deine Angst ist eine ›existentielle‹ Angst. Denn Ärzte und
Krankenhäuser berühren ganz gewaltig das ›dasein‹. Das Problem des
Todes bzw. der
Zerstörung des ›Ichs‹.

Gleich zu Beginn des Briefes werden zwei gängige Merkmale von Selbsthilfe-Newsgroups sichtbar. Der antwortende Schreiber möchte zunächst ein Gefühl der Zugehörigkeit schaffen und signalisiert Solidarität mit der neuen Teilnehmerin, indem er berichtet, dass es ihm genauso geht. Außerdem versucht er die Problematik nicht zu bagatellisieren, sondern nimmt die geschilderte Schwierigkeit sehr ernst und macht darüber hinaus Annahmen, wie es zu dieser Angst gekommen sein könnte. Die fehlenden Informationen werden durch Vermutungen ersetzt, indem er versucht sich in die Lage der Schreiberin hineinzuversetzen. Danach berichtet er von seinen eigenen Erfahrungen mit Ärzten und zeigt seine Bewältigung des Problems auf. Daraufhin gibt er F. noch zwei konkrete Tipps bzw. Ratschläge:

In meinem Fall ich kann Ärzte ›akzeptieren‹ vorausgesetzt daß ich eine
gute Beziehung mit denen aufgebaut habe. man muß auch sagen es gibt
tatsächlich auch gute Ärzte die sich sehr bemühen.
In meiner Freundschaftskreis habe ich jetzt 2 Internisten, ein Zahnarzt,
ein Neurologe, ein Radiologe, ein Augenarzt.
(Es fehlt nur ein Gynekologe, aber ich glaube ich werde es nie brauchen,
Gott sei Dank).
Alle kommen bei mir zu Hause. Das ist schon ein Vorteil.
In deinem Fall, versuche mal eine ›gute‹ Bekanntschaft mit einen
Arzt einzuleiten. Es gibt immer ein Freund oder Verwandte der in
seine Familie oder Verwandtschaft ein Arzt hat.
Langsam langsam wirst Du sehen, die Ärztephobie wird
auch weniger.
Natürlich eine tiefanalytische Therapie würde dir sehr viel
helfen, die Zusammenhänge deiner Phobie kennenzulernen

Zum Abschluss will der Antwortende die neue Teilnehmerin aufmuntern und Zuversicht vermitteln:

Karin Heller

Aber ›one step at the time‹ , Du wirdst es schaffen.
Schöne Grüße.
T..

Posterin S., eine weitere, bekannte Teilnehmerin der Newsgroup antwortet ebenfalls recht schnell (1,5h später):

Hi F.,
Ich hatte auch Arzt-, Krankenhaus-, Krankheitsaengste. Das warum und
woher war mit auch klar, nur aenderte es nichts. Ich konnte zwar noch
so gerade zu manchen Aertzen gehen, musste ich ja wegen
Krankschreibung etc. und um die Aengste (besonders die Atemnot)
medizinisch abklaeren zu lassen, Zahnarzt habe ich auch nicht
gemieden. Wenn ich hingegangen bin, dann mit grosser Angst, zitternden
und weichen Knien, starker Atemnot und im Wartezimmer zu sitzen fast
jedesmal eine halbe Katastrophe.

Auch diese Schreiberin will sich mit der neuen Posterin solidarisieren. Sie berichtet, wie ihr Vorgänger, von den eigenen Ängsten mit Ärzten (etc.). Dieses kollektive Wissen (Moeller 1978) kann Zugehörigkeitsgefühle vermitteln und ein Stück weit die Problematik entschärfen. Beide Antwortende versuchen zu zeigen, dass viele Menschen (gerade in dieser Newsgroup) solche Ängste haben und normalisieren damit diese Thematik. Typisch für Selbsthilfe-Newsgroups ist nun, dass die Teilnehmer darüber hinaus über Selbstoffenbarung anderen Betroffenen Lösungsmöglichkeiten, Zuversicht und Hoffnung auf Erfolg vermitteln möchten.

Im weiteren Antwort-Posting beschreibt Teilnehmerin S. ihre eigene Lösung und signalisiert: Es gibt einen Weg aus einer solchen Problematik. Die Adressatin und die anderen Leser (auch die im Hintergrund) haben nun die Möglichkeit aus diesen Erfahrungen für sich selbst Anregungen hinsichtlich der eigenen Bewältigung zu bekommen:

Das Tollste, ich habe das heute alles nicht mehr. Das was jetzt noch
ist, halte ich fuer eine ganz normale Angst vor einer schweren
Krankheit. Ich steigere mich aber nicht mehr da hinein wie frueher,
wenn es mal irgendwo piekst.
Wann es weggegangen ist: Als mir das Schlimmste passiert ist. Ich
musste ins Krankenhaus, in die Psychiatrie. Fuer mich ein Alptraum.
Bei meiner Aerztephobie durfte ich dann nach zwei Wochen, die haben

sie mir zum »einleben« gegeben, vor ca. 30 Aerzten sprechen.
Allerdings hatte ich mich bis dahin schon an zwei sehr nette
Stationsaerzte gewoehnt und meine Aengste schwanden nach und nach.
In den ersten Tagen schickten sie mich von Untersuchung zur
Untersuchung. Ich war gar nicht in der Lage in dem
Krankenhaus alleine zu einer Untersuchung zu gehen. Jedenfalls
am Anfang. Also bekam ich eine Begleitung. Und nach und nach
schwanden meine Aengste vor allen Weisskitteln. :-)))
Nach dem Krankenhausaufenthalt habe ich mir als erstes eine neue
Hausaerztin gesucht. Vorher habe ich so ungefaehr genommen was kam.
Diesmal habe ich gewaehlt. Und ich habe eine sehr
sympathische junge Aerztin fuer mich gefunden. Es sind eben nicht
alle gleich und ich habe fuer mich herausgefunden, es kommt auf den
Menschen an der mich behandelt.
Und vor vielen, wirklich vielen Aerzten kann man/frau grosse Angst
bekommen.
Gruss
S.
Lerne von den Fehlern anderer. Du lebst nicht lange genug, um sie alle selber zu machen.

Interessanterweise macht Antwortende S. am Ende des Postings aber noch einmal deutlich, dass sie die Angst nicht negieren oder bagatellisieren möchte, sondern eine Arztphobie ernst nimmt und berechtigt findet. Mit dem letzten Satz des Schreibens, eine Art Weisheit, versachlicht sie das Thema, macht noch einmal explizit deutlich, warum sie von ihren eigenen Erfahrungen berichtet hat und fordert die Leserin auf, davon zu profitieren.

Mehr Newsgroup-Teilnehmer antworten nicht auf das Posting der neuen Teilnehmerin F. Bei anderen Briefwechseln in diesem Forum kommt es durchaus vor, dass sich mehrere (6-10) Personen an einem speziellen Thema beteiligen. In dem vorliegenden Fallbeispiel scheint das Interesse der Newsgroup-Teilnehmer beschränkt zu sein. Möglicherweise ist die Problematik der betroffenen Schreiberin doch zu speziell und für die anderen Mitglieder wenig animierend oder sie beteiligen sich v. a. auch an anderen Briefwechseln.

Unabhängig von dieser Tatsache entsteht ein freundschaftlicher Briefwechsel zwischen diesen drei Beteiligten. Natürlich darf in diesem Zusammenhang nicht vergessen werden, dass die gesamte Internet-Öffentlichkeit (als passive Teilneh-

Karin Heller

mer, »Lurker«) mitlesen und teilweise davon profitieren kann, wie sich diese Teilnehmer gegenseitig Ratschläge geben, Erfahrungen austauschen, Lösungsmöglichkeiten diskutieren, unterstützen und Mut machen (also beratende Funktionen übernehmen). Hier manifestiert sich ein weiteres Merkmal von Selbsthilfe-Newsgroups: Die Kombination von Gruppenkommunikation und kollaborierter Massenkommunikation. D.h. dasselbe Posting kann einerseits eine innenorientierte Aktivität darstellen (Ermutigen eines anderen aktiven Newsgroup-Teilnehmers) und gleichzeitig beträchtliche Außenwirkung haben (z.B. einem stillen Teilnehmer helfen, für wissenschaftliche Zwecke benützt oder von Journalisten zitiert werden). Ob die aktiven Teilnehmer sich ständig vor Augen halten, dass ihr Briefwechsel für jeden zugänglich ist, bleibt fraglich. Ab dem Zeitpunkt des Abrufens der neuen Mitteilungen der Selbsthilfegruppe (für einige mehrmals täglich) taucht der Abonnent quasi in die Gruppe hinein und wird ein Teil von ihr. Die breite Öffentlichkeit, die sich nicht direkt aktiv beteiligt, sondern nur Zaungast ist, wird vermutlich als solche nicht unmittelbar wahrgenommen, sondern spielt dabei eine sekundäre Rolle (schließlich werden in der Anrede meist einzelne Personen der Newsgroup angesprochen, manchmal die ganze Gruppe, aber nie die Netzöffentlichkeit). Im Unterschied zu Beratungen im Fernsehen, die ja vor allem auch unter dem Gesichtspunkt der Außenwirkung (und der kommerziellen Vermarktung) zu sehen sind, kommt in den Selbsthilfe-Newsgroups der Solidarisierungs- und Aufklärungsaspekt stärker zum Tragen.

Nach den Antworten der beiden »erfahrenen« Newsgroup-Teilnehmer schreibt Teilnehmerin F. diesen beiden Postern direkt zurück (30 Minuten später). Zuerst wendet sie sich an Antworter T.. In für die Kommunikationsform in Newsgroups (oder auch im E-Mail-Kontakt) typischer Weise zergliedert sie die einzelnen Textabschnitte seines Antwort-Postings. Wie im Folgenden sichtbar wird, nimmt sie zu jedem seiner Aspekte explizit Stellung. Damit wird aufmerksames Lesen demonstriert.

Hallo T.,
> *willkommen im Club. Du bist nicht allein.*
echt nicht?
> *Ich versuche auch Ärzte und Krankenhäuser zu vermeiden, sowie die Pest.*
Ich versuche es nicht nur, ich tue es!

Zunächst signalisiert sie, dass sie sich noch nicht einer Gemeinschaft zugehörig fühlt und mit ihren Ängsten einer besonderen Situation und damit Problematik ausgesetzt ist. Man gewinnt den Eindruck, dass sie sich in diesem Punkt nicht richtig verstanden fühlt, und um ihrer speziellen Thematik Nachdruck zu verleihen, macht sie auf die Schwere ihres Problems aufmerksam. Missverständnisse, Unklarheiten und das Fehlen von Informationen in der Kommunikation via virtuellem Briefwechsel sind unumgänglich. Die Ausführungen in einem ersten Posting sind häufig unzureichend um eine Problematik in ihrer ganzen Stärke, Konkretheit und Auswirkung genau zu erfassen. In weiteren Briefen, wie es hier in der Antwort von Posterin F. geschieht, können klärende Ergänzungen diese Lücke füllen.

Beim nächsten Punkt hat Teilnehmer T. mit seiner Vermutung, dass die Ursache für die Probleme in der Kindheit liegen, bei der Betroffenen offensichtlich genau ins Schwarze getroffen. Er scheint sich gut in ihre Situation hineinversetzen zu können. Außerdem signalisiert sie an dieser Stelle einerseits, dass ein Thema angesprochen wurde, über das sie zu diesem Zeitpunkt nicht mehr preisgeben möchte, und andererseits betont sie noch einmal ihre einmalig schwierige Situation:

> *Es sei denn Du Ärzte vermeidest weil in deinen frühere Kindheit ganz*
> *schlimme Erfahrung, für längere Zeit, mit Ärzte gemacht hast,*
> *Ja, inzwischen weiss ich auch welche Erfahrungen, nur soviel an dieser*
> *Stelle dazu, das was mir passiert ist glaubt eh (fast) niemand.*

Ab dem nächsten Abschnitt des Postings fühlt sich die Betroffene in ihrem spezifischen Zustand jedoch immer mehr verstanden, sie bejaht schlicht die Ausführungen von Schreiber T., der eine Berechtigung und einen Sinn für ihre Angst formuliert und sie damit sehr ernst nimmt.

> *dann deine Angst ist eine ›existentielle‹ Angst. Denn Ärzte und*
> *Krankenhäuser*
> *berühren ganz gewaltig das ›dasein‹. Das Problem des Todes bzw. der*
> *Zerstörung*
> *des ›Ichs‹.*
> *ja mein ich haben sie zerstört.*

Auf den Selbstbericht von Schreiber T. hin wird die Betroffene animiert, noch mehr von ihrer eigenen Angst zu berichten. Sie gibt im Folgenden ein konkretes Beispiel, wie dramatisch und unlösbar ihre Situation ist. Damit grenzt sie sich von Teilnehmer T. ab, der ja für sich Lösungsmöglichkeiten mit der Angst umzugehen gefunden hat. Außerdem offenbart sie ein Stück mehr von ihrer Leidensgeschichte. An dieser Stelle soll auf einen weiteren kennzeichnenden Aspekt von Selbsthilfe-Newsgroups hingewiesen werden. Gerade für die Schilderung emotional

Karin Heller

sehr belastender Ereignisse mag die Form der schriftlichen Darstellung von Vorteil sein. Die Möglichkeit, das Ereignis aus eigener Perspektive kohärent zu schildern und deuten zu können, kann dem Betroffenen ein Gefühl der Bewältigung vermitteln. Dem Niederschreiben von problematischen Situationen wird häufig eine selbstheilende Wirkung zugeschrieben (vgl. Tagebuchaufzeichnungen, Schreibtherapie).

Bezüglich des konkreten Ratschlags von T. berichtet sie ausführlich von einem ähnlichen Lösungsweg, den sie ausprobiert hat, der allerdings fehlgeschlagen ist. Auch die Idee mit einer Therapie wurde von ihr in die Tat umgesetzt, aber auch hier scheint sie nicht die gewünschte Hilfe zu bekommen.

Ich bin jetzt nach Jahren an mir arbeiten soweit, wenigstens das Wort Arzt hören, lesen zu können ohne eine Panikattake zu bekommen. Ich werde mich eher umbringen bevor ein Arzt mich in die Hände bekommt. Vor dem Tod habe ich keine Angst. Zum Beispiel war ich mal in einen Autounfall verwickelt, als die anderen den Notarzt rufen wollten, habe ich mich trotz heftiger Verletzungen aufgemacht mich auf dieser Landstrasse vor ein Auto zu werfen, bevor ein Arzt mich in die Hände bekommt. Da niemand ausser mir verletzt war und ich zum Glück eine Freundin dabei hatte, die gerafft hat was los ist und dafür gesorgt hat, dass niemand die Ambulanz ruft, hab ich es überlebt.

Exemplarisch für viele psychosozialen Probleme zeigt sich hier die Hilflosigkeit vieler Betroffener. Die meisten haben schon unzählige Erfahrungen mit professionellen Helfern sowie eigenen Lösungsversuchen gemacht, jeweils mit unterschiedlichem Erfolg, und suchen nach anderen Unterstützungsmöglichkeiten. Nicht selten werden dann Selbsthilfe-Newsgroups abonniert, um alternative Hilfe zu bekommen. D.h. die Teilnehmer haben meist vielfältige und reichliche Erfahrungen und Kenntnisse im psychosozialen Heilssystem erlangt und tragen diesen Wissensschatz mit in die Gruppe. Auf den konkreten Vorschlag, Kontakt zu einem Arzt aufzunehmen, antwortet sie:

Die Idee hatte ich auch schon vor einigen Jahren. Meine Strategie war dann, dass ich mich in einem Hilfsprojekt für eine russische Kinderklinik engagiert habe. Dadurch habe ich sogar nun russische Ärzte als Freunde. Das ging dann nach Jahren auch soweit, dass die bei uns in der Küche sitzen können, sogar übernachtet hat Valle schon bei uns. Aber, das ändert null und nichts. Als ich dann in einem Winter eine ganz üble Grippe hatte

*und Valle da gerade bei uns zu besuch war, meinte sie, das sich das ganz
übel anhörene würde und sie wolle mich mal abhorchen. Da konnte ich zu
meinem Mann nur noch sagen, soge sofort dafür, dass valle unsere
Wohnung verlässt, ich war dabei aus dem Fenster zu springen.*
> Natürlich eine tiefanalytische Therapie würde dir sehr viel
> helfen, die Zusammenhänge deiner Phobie kennenzulernen.
*ich bin seit Jahren in Therapie und weiss nun wie oben erwähnt auch
warum, die Therapie ruiniert mich finanziell nun seit jahren, aber frau
gönnt sich ja sonst nichts ;).*

Am Schluss kommt wieder ihre pessimistische Haltung zum Vorschein, die auch schon zu Beginn des Postings vorhanden war, obwohl sie betont selbst optimistisch zu sein:

> Aber ›one step at the time‹ , Du wirdst es schaffen.
*Das glaub ich eher nicht, obwohl ich sonst eine sehr optimistische mensch bin
Liebe grüsse F.*

Die Antwort auf das Posting von Teilnehmerin S. fällt kürzer aus, weil Teilnehmerin F. auf die Ausführungen im Posting an Teilnehmer T. verweist. Dort hat sie schon beschrieben, dass die angebotenen Lösungsmöglichkeiten für sie keine Hilfe sind. Sie macht abermals klar, dass die vorgeschlagenen Möglichkeiten bei ihr nicht wirken. Mit der Aussage ihrer Therapeuten unterstreicht sie die Hoffnungslosigkeit. Gleichzeitig zieht sie allerdings daraus den Schluss, dass sie die Angst zwar nicht verlieren kann, aber einen besseren Weg im Umgang mit der Angst finden möchte und damit nach Bewältigungsmöglichkeiten sucht.

Gleichzeitig gratuliert sie Teilnehmerin S. für ihren Erfolg und signalisiert Mitfreude. Überhaupt scheint in der Newsgroup ein recht warmer und herzlicher Umgangston zu herrschen. Beruhend auf dem Prinzip der Gegenseitigkeit (Nehmen-Geben) suchen die Mitglieder einerseits selbst Unterstützung und Mitgefühl, gleichzeitig geben sie Zuversicht, Mitfreude und Ermunterung an die anderen weiter:

Liebe S.,
ich freue mich für Dich, dass Du es geschafft hast!
*Allerdings, wie ich schon in der mail an T. geschrieben habe, sehe ich in
diesem Hinblick kaum eine Chance für mich. es gab schon viele Situationen
in denen ich a) in die Psychiatrie oder b) ins normale KH gehört hätte, nur*

Karin Heller

ich wäre da nie lebend angekommen. Auch positive Erfahrungen, wie mit den russischen Ärzten nehmen nichts raus.
meine Therapeutin, deren Supervisorin und auch frühere therapeuten von mir, sagen auch, dass ich keine Chancen habe diese Ängste zu verlieren. Nicht mit den erfahrungen. Es scheint es bleibt mir nichts anderes übrig als noch mehr (bessere) Strategien zu finden um die Angst besser in Griff zu bekommen, besser mit ihr zu leben. Aber ich finde das sehr schwer, denn jedes Zipperlein löst Panik aus, wenn auch nicht mehr ganz so extrem wie früher. Aber immer noch zu schlimm als damit gut leben zu können :(
Liebe Grüsse F.

Der Austausch geht an diesem Nachmittag noch zwischen Teilnehmer T. und Posterin F. weiter. Teilnehmer T. setzt in seinem Schreiben ein charakteristisches kommunikatives Mittel ein, das in Newsgroups gerne verwendet wird. Er bringt Humor ins Spiel. Gleich zu Beginn seiner Mail versucht er die Trostlosigkeit der Situation von F. durch eine scherzhaft gemeinte Bemerkung zu entschärfen. Gleichzeitig macht er aber explizit (in Worten und mit Hilfe eines sogenannten Aktionswortes,<hehehehe>) darauf aufmerksam, dass sie es als Scherz verstehen soll und entschuldigt sich vorab dafür. Damit baut er Missverständnissen vor, die gerade in der rein textbasierten Telekommunikation, infolge Interpretationsschwierigkeiten, häufig vorkommen können.

Dieses Beispiel zeigt außerdem, wie mit den medialen Restriktionen der schriftlichen Internetkommunikation in Newsgroups umgegangen wird. Über humorvolle Bemerkungen, Aktionsworte oder Emoticons und persönliche Anteilnahme (weitere Beispiele dafür gibt in den anderen aufgeführten Postings) werden Gefühle vermittelt und es kann persönliche Nähe geschaffen werden. Die schriftliche Kommunikation in einer Newsgroup erlaubt einen emotionalem Austausch, der in seiner Intensität oft unerwartet ist. Natürlich besteht trotzdem ein erheblicher Unterschied zur Angesichtskommunikation, die ja über weit mehr Kommunikationskanäle verfügt und affektive Zustände v.a. auch über nonverbale »Cues« vermittelt.

Hallo F.,
oje...ich dachte ich war schlimm genug, aber Gott sei dank Du bist noch schlimmer ...
<hehehehe> (es ist nur ein Scherz, bitte Verzeihung...)
Interessant ist nun der weitere Verlauf des Postings. Teilnehmer T. gibt Schreiberin F. einen sehr konkreten Ratschlag:

Also F., auch wenn ich nicht gezielt dein posting zitiere, glaube mir ich habe es alles aufmerksam gelesen und ich habe nur ein Vorschlag.
Wenn Du dich heilen willst, es gibt, meiner Meinung nach, nur eines: Du muß selbst Medizin studieren. Du muß dein ›ich‹ mit ›Macht‹ verbinden.
Denn hier geht es nicht um Ärzte sondern um ›Macht‹ und ›ausgeliefert‹ sein.
Deine einzige Rettung ist die gleiche wie Meine: ich habe schon angefangen.
Du muß ›genau sowie‹ ein Arzt wisse und werden, um nicht mehr von ihm für deine ›Überlebung‹ ›abhängig‹ zu sein.
Es wird sich nie ändern. Du bist verdammt Ärztin zu werden.
Oder ewige Patientin, deshalb ewig krank.
Lass dich bitte nicht überreden von der Sprüche : ›Auch als Ärztin wirdst Du nie Gott sein, und Du wirdst immer an jemanden angewiesen sein‹.
Du sollst ›den Weg‹ gehen den deine Neurose diktiert. Nur so wird die Neurose geheilt. Im Jahr 1600 hätte ein ›geistiger‹ Dir gesagt: »Das ist den Weg der Gott für Dich bereitet hat«. Heutzutage sagen »Du bist verrückt, geh zum Psychiater«.
Also, ab morgen lass dir Formulare schicken für deine Anmeldung.
Wenn in Deutschland nicht geht, probiere mit den Open University in London. Im Internet haben sie viele Kurse. Ende Semester fährst Du nach England und machst die Prüfungen.
Viel Glück.
T..

Er signalisiert in diesem Mail sehr klar und unerschrocken, dass diese Lösung nach seiner Meinung die einzige »heilende« und richtige für sie sei. Entsprungen ist dieser Vorschlag, wie in den meisten Fällen, seinen eigenen Erfahrungen. In dieser Direktheit liegt ein erheblicher Unterschied zu der (auch im klassischen Beratungsprozess) üblichen Strategie, einem Ratsuchenden lediglich Anregungen zu geben, im Sinne der nondirektiven Gesprächsführung, damit die eigene Problemlösung vorankommt. In diesem Fall doktriniert Teilnehmer T. ihr den Königsweg gewissermaßen auf. Er verweist auch sofort auf mögliche Schwierigkeiten und gibt ihr ganz konkrete Empfehlungen wie sie vorgehen soll. Eventuellen Einwänden ihrerseits baut er damit systematisch vor. Ein solcher von Direktheit und Offenheit geprägter Vorschlag gleicht einer Anweisung, die vermutlich nur in diesem Setting möglich ist. Ein Berater in einer traditionellen Beratungssituation würde wohl kaum so vorgehen (höchstens als gezielte Intervention).
Spannend ist nun, wie die Reaktion von Schreiberin F. auf diesen Vorschlag ausfallen wird. Zwei Möglichkeiten stehen zur Auswahl: Annahme oder Ablehnung. Entweder hat er eine für Teilnehmerin F. genau passende Lösung getroffen und

Karin Heller

zeigt damit, wie gut er sich in ihre Situation hineinversetzten kann, oder seine ganze Idee stößt auf Ablehnung:

Hallo T.,
gell T., nach dem Motto, schlimmer geht immer :))
wow Du bist Klasse!! Dieselbe Idee hatte ich auch schon vor Jahren und habe mich ganz ernsthaft damit beschäftigt. Das Abi habe ich, Interesse an Medizin auch (notgedrungen), nur es scheitert daran: Ich müsste für das Studium ja auch die ganzen Krankheitssymtome lernen und die hätte ich dann alle, ich würde wahnsinnig werden! Letzte woche hab ich zum Beispiel ein Buch gelesen in dem es um einen leukämiekranken Jungen ging.. glaub mir die symtome des Buches hab ich alle! ich weiss, ich bin perfekt im symtome kreieren, ich »hatte« auch schon mal malaria zumindest ein halbes jahr lang bis mir ein nette Mensch sagte, dass mir ein hauptsymtom fehlen würde, da war alles wie weggeblasen.
Aber irgendwie bin ich schon auf diesem weg. Ich habe mich mit alternativen heilmethoden beschäftigt, bin dabei auf etwas gestossen das mich fasziniert und von dem ich sagen kann, hier geht es lang. Es hat mir zwar bis jetzt nicht mit der Ärztekiste geholfen aber es hat trotzdem mein Leben nachhaltig verändert.

Auch Posterin F. antwortet erst einmal scherzhaft. Der Humor von Teilnehmer T. ist bei ihr gut angekommen, sie versucht seine Äußerung noch zu steigern und unterstreicht den humorigen Charakter durch ein Emoticon (<:))>). Außerdem drückt sie ihre Begeisterung für sein Fingerspitzengefühl aus, seine Idee entspricht genau ihrem Bedürfnis. Er hat es geschafft mit seinem ganz konkreten Ratschlag und seinen diesbezüglichen Erfahrungen ihre ausgewählten Problemlösestrategien zu treffen. Sie fühlt sich verstanden und in ihrer Vorgehensweise bestätigt. Allerdings negiert sie im nächsten Zuge wieder die Erfolgschancen dieser Möglichkeit, die pessimistische Haltung wird beibehalten.

Bis zu diesem Zeitpunkt waren die Rollen der Teilnehmer so verteilt, dass Schreiberin F. die Ratsuchende war und die Teilnehmer T. und S. beratende Funktionen übernahmen. Im nächsten Abschnitt des Mails geht Posterin F. auf weiter zurückliegende Nachrichten von Teilnehmer T. ein und verlässt damit die Plattform der Hilfesuchenden und setzt sich mit den Schwierigkeiten einer anderen Person auseinander:
ich habe ja in den letzten Wochen hier im Hintergrund gelesen – natürlich auch deine mails, ich habe mich in deiner Einsamkeit wieder gefunden, mir ging es früher ähnlich. Mir ging die ganze zeit ein gedicht das ich vor jah-

ren mal geschrieben habe durch den Kopf, ich würde es Dir und allen anderen hier gerne schenken.

Gefühlschaos
Schattenwelt
Dunkelheit
Kann keine Menschen ertragen
fühle mich so allein
Schreie stumm um Hilfe
schrei nach Leben
verhallt
in der Traurigkeit
der Leere
meiner Seele
Aus dem bin ich mühsam rausgekrabbelt, kann dieses Gefühle heute als vergangenheit betrachten. Dafür bin ich mehr als Dankbar. Vielleicht ein kleines
Lichtlein für alle die da noch drinhängen.
Alles Liebe F.

Auch sie solidarisiert sich mit Teilnehmer T. und offenbart dann ein Stück mehr von sich. Mittels eines Gedichts versucht sie die Gefühle in einer solchen Situation adäquat zu beschreiben. Interessanterweise spricht sie ab diesem Zeitpunkt nicht mehr nur Teilnehmer T., sondern die gesamte Gruppe an. Im Hinblick auf das Thema Einsamkeit hat sie einen Lösungsweg gefunden, den sie zur Ermunterung ihm und den anderen Mitgliedern offerieren will. Hier wird noch einmal deutlich, dass es in einer Newsgroup nicht nur spezifisch um den Austausch individueller Probleme einer Person geht, sondern alle Teilnehmer Adressaten sind.

Ein weiteres, hier deutlich gewordenes Strukturmerkmal von Selbsthilfe-Newsgroups ist der Rollentausch. Beratende und unterstützende Funktionen werden von einer Person ebenso wahrgenommen wie die Möglichkeit sich auszusprechen oder selbst Rat zu holen. In einer herkömmlichen Beratungssituation ist dieser funktionelle Wechsel der Beteiligten aufgrund des festgelegten Beratungssettings (formale, asymmetrische Beziehung zwischen Ratsuchendem-Berater) nicht möglich.

Teilnehmer T. antwortet noch am selben Abend. In seiner Antwort wird der Humor weiter fortgeführt. Über diese Art des Austausches wird persönliche Nähe und das Gefühl des gegenseitigen Verstehens erkennbar:

Karin Heller

Hallo F.,
> gell T., nach dem Motto, schlimmer geht immer :))
yep ! so ist es. Es gibt keine Grenzen nach unten ...<hehehe> :-)

Auch im nächsten Abschnitt wird ersichtlich wie unterstützend so ein Briefwechsel sein kann. Teilnehmer T. ist über die Aussage (»wow Du bist klasse«) sehr beglückt und dankt Teilnehmerin F. aufrichtig:

...es waren genau 846 Tagen daß mir niemanden sowas gesagt hatte. Danke F. !

Danach versucht er ihre Befürchtungen (bzgl. der Symptombereitschaft), warum ihre Bewältigungsversuche nicht funktionieren können, durch Generalisierung abzuschwächen. Er schildert, dass die hervorgerufenen Reaktionen ganz normal sind. Damit wird ein sehr typisches Strukturmerkmal von Beratung eingesetzt: Normalisierung durch Generalisierung, ein individueller Problemfall wird zum Normalfall gemacht. Dem Problem wird der Boden entzogen und der Grund für die Schwierigkeit entfällt:

Diese Sache kennen alle Medizin-Studenten des 2. Jahren. Es dauert den ganzen dritte und vierte Semester, dann ist alles vorbei.
Ich hatte damals, in der Reihenfolge: Glomerulonefritis, Neurodermitis, Hirntumoren in alle Variationen, Pheochromocytoma, Glioblastoma, Lippenpapilloma. Nur schwanger war ich nicht.

Für das Gedicht bedankt er sich und bezieht die erzielte Wirkung auf die ganze Gruppe. Darüber kommt das empfundene Gemeinschaftsgefühl in der Newsgroup zum Ausdruck.

Danke. Es ist sehr schön, und beschreibt genau den Zustand von vielen von uns in
diesen Tagen.
Vielleicht ist es saison-bedingt.
Ciao. T.

Das letzte Posting zu diesem Thema kommt am nächsten Tag von Teilnehmerin S.. Sie antwortet Schreiberin F. nicht mehr mit konkreten Erfahrungen oder Ratschlägen, wie bisher geschehen, sondern versachlicht die ganze Problematik und bringt einen Hinweis auf ganz allgemeiner Ebene. Hier betreibt die Teilnehmerin

Normalisierung über die Technik der Versachlichung. Damit kann sich die Perspektive hinsichtlich der schwierigen Situation verändern.

Zum Schluss gibt Teilnehmerin S., als Aufmunterung, noch einen humoristischen Spruch mit auf den Weg (das ist inzwischen zu einem spezifischen Merkmal ihrer Postings geworden).

Hi F.,
Auch positive Erfahrungen, wie mit den
>russischen Ärzten nehmen nichts raus.
>meine Therapeutin, deren Supervisorin und auch frühere therapeuten von mir,
>sagen auch, dass ich keine Chancen habe diese Ängste zu verlieren.
Negative Erlebnisse brauchen VIELE Gegenbeispiele und GUTE Erklärungen, um ins Positive gewendet werden zu koennen.
Gruss
S.

Wenn Dir das Leben eine Zitrone gibt, mach Limonade draus.

Ob diese allgemeinen Formulierungen für Posterin F. hilfreich waren, kann nicht geklärt werden. Sie antwortet, zumindest öffentlich, nicht mehr. Möglicherweise schreibt sie an die beiden Mitglieder noch private E-Mails (die Adresse wird ja mitversendet), wie das in Newsgroups durchaus häufiger der Fall ist, gerade wenn eine Beziehung mit persönlicher Nähe zwischen den Beteiligten entstanden ist.

3. Strukturmerkmale von psychosozialer Beratung im Internet

Wie das Beispiel zeigt, lassen sich in einer Selbsthilfe-Newsgroup spezifische Kommunikationsmerkmale finden, die auch in Face-to-Face-Selbsthilfegruppen zum Tragen kommen. Dazu gehören Aspekte wie Solidarität, kollektives Wissen, Zugehörigkeitsgefühle, Selbstoffenbarung, Normalisierung über Generalisierung. Gleichzeitig werden in dem aufgeführten Austausch besonders die netzspezifischen Aspekte der Kommunikation deutlich. Folgende Elemente prägen in erster Linie die virtuelle Beratungsstruktur:

a) Anonymität

Primäres Kennzeichen der Beratung im Internet ist die Möglichkeit sich in völliger Anonymität im Netz zu bewegen. Durch diese Verborgenheit werden Hemmschwellen leichter herabgesetzt und soziale Ängste abgebaut, die gerade im psychosozialen Beratungsbereich häufig dazu führen, dass auf eine Konsultation eines Beraters oder den Besuch einer Selbsthilfegruppe verzichtet wird. In einigen Punkten sind Parallelen zur Telefonberatung zu erkennen, die ja ebenfalls eine anonyme Beratung zu gewährleisten versucht. Allerdings ermöglicht das Internet eine noch größere Anonymität, da sämtliche persönlichen Merkmale (wie Geschlecht, Alter, Stimme etc.) unerkannt bleiben. Für viele Menschen ist der Aspekt der Kontrollierbarkeit, selbst zu entscheiden, was und wie viel man von sich zeigt, wohl auch ein wesentlicher Grund, gerade über das Internet Kontakte aufzubauen.

Unabhängig vom psychosozialen Hintergrund (Alter, Geschlecht, Aussehen, körperlicher Behinderung, Status, Vermögen o. ä.) erlangt der Ratsuchende eine eigene Netzidentität (gewissermaßen subjektlos), bei der er die Kontrolle darüber behält, wie viel er an wen und zu welchem Zeitpunkt preisgeben möchte oder nicht. Gerade das Gefühl des Kontrollverlustes, d. h. in der Beratungssituation gefangen zu sein, scheint bei einem Face-to-Face-Beratungssetting oft problematisch.

Trotz dieser Anonymität ist in der virtuellen Beratungsbeziehung eine spezifische Form der Nähe möglich (beispielsweise bei mehrmaligem E-Mail-Kontakt), die zu starken Bindungen führen kann. Diese können auf den Netzkontakt beschränkt sein, ebenso aber auch einen Austausch außerhalb des Internets nach sich ziehen. Die Anonymität und die erniedrigte Schwellensituation erlauben für viele Nutzer ein näheres Heranlassen anderer Menschen, als ihnen das bei einem direkten Kontakt möglich wäre. Das Internet löst damit das Paradox Bedürfnisse individueller Anonymität (Abgeschlossenheit) in gemeinschaftliche Teilnahme (Aufgeschlossenheit) überzuführen, ohne auf eines von beiden zu verzichten. Die Teilnahme an einer Newsgroup verdeutlicht diesen Prozess sehr anschaulich. Natürlich können sich unter dem Deckmantel der Anonymität auch voyeuristische und exhibitionistische Tendenzen verstecken, die den Beratungsinhalt beeinflussen. Dies sollte deshalb im Beratungsprozess berücksichtigt werden.

b) Schriftlichkeit

Internetberatung zeichnet sich außerdem dadurch aus, dass es sich immer um eine textbasierte Form der Kommunikation handelt. Irgendwann wird vielleicht der Gebrauch von Video-Konferenzen auch in der Internet-Beratung eine größere Rolle spielen, aber bis jetzt kommt diese Form der Beratung eher selten vor. Das Verfassen eines Anliegens, Problems oder einer Frage, ungestört in schriftlicher Form, veranlasst den Ratsuchenden Texte zu produzieren, die als Werke vor ihm liegen. Dadurch kann eine distanzierte Haltung gegenüber den eigenen Äußerungen eingenommen werden und die selbstheilende Wirkungsweise des Tagebuchs zum Tragen kommen. Dies trifft wohl besonders für den mehrmaligen Austausch in einer Newsgroup oder E-Mail-Kontakt mit einem Berater (oder Therapeuten) zu. Außerdem fällt es manchen Personen leichter, bestimmte Probleme schriftlich darzulegen als mündlich zu schildern.

Häufig wird in einem Teil der älteren Literatur (Volpert 1985, Mettler-Meibom 1994) bei der computervermittelten Kommunikation via getipptem Text aufgrund der Reduktion vieler Sinneskanäle von einer Verarmung und Entleerung der Kommunikation (sogar von »Ent-Sinnlichung«, »Ent-Menschlichung«) gesprochen, die kaum emotionale Informationen übertragen kann. Insbesondere das Fehlen von nonverbalen Cues, die Gefühle, die emotionale Lage und deren Entwicklung markieren, wird von einigen Beratern problematisiert. Andere Theorien (z.B. Theorie der sozialen Informationsverarbeitung, Walter 1992) sowie empirische Studien widersprechen dieser Verarmungsannahme und gehen davon aus, dass Emotionalität durchaus in einer Art Metasprache ausgedrückt wird (beispielsweise mit Hilfe von »Emoticons« etc.). Aus dieser Sicht kann das Internet einen neuen sozialen Handlungsraum darstellen, in dem Menschen auf kreative Weise Gefühle ausdrücken, Nähe herstellen, Beziehungen realisieren und soziale Fertigkeiten lernen (vgl. Kleinberger/Thimm 2000, aber auch Schönberger 2000, s.u.), wie auch die vorliegende Fallanalyse einer Newsgroup gezeigt hat. Trotzdem bringt die rein textbasierte Kommunikation, sowohl beim asynchronen als auch beim synchronen Austausch, auch einige Schwierigkeiten und Probleme mit sich. Die mediumbedingten zeitlichen Verzögerungen (z.B. beim E-Mail-Kontakt) können zu Interpretationsproblemen führen. Aktuelle Gefühlslagen können sich schnell ändern, so dass aus einer momentanen Befindlichkeit heraus geschriebene E-Mails bald veraltet sind, ohne dass der Adressat dies mitbekommt. Auch technische Störungen (z.B. plötzlicher Verbindungsabbruch) können leicht als Kommunikationsabbruch (beim Chat) missverstanden werden.

Karin Heller

Die Anforderungen an den Berater sind entsprechend anders als in Face-to-Face-Beratungen. Er muss lernen mit den reduzierten Informationen über den Ratsuchenden auszukommen. Die Beobachtung des Gegenüber ist nur sehr eingeschränkt möglich. Auf der anderen Seite muss der Ratsuchende seine Erwartungen an die Beratung dem Medium anpassen (das betrifft Wartezeiten, Missverständnisse, Interpretationsschwierigkeiten).

c) Freiwilligkeit

Ein weiteres Kennzeichen der Beratung im Internet ist, dass die Teilnahme an der Beratung freiwillig erfolgt. D. h. der Ratsuchende sucht sich eine Beratungsform aus eigenen Beweggründen sowie eigenem Antrieb und auch der Zeitpunkt wird selbst bestimmt. Im Gegensatz dazu finden sich unter den herkömmlichen Beratungen durchaus einige, bei denen die Teilnahme nicht unbedingt auf Freiwilligkeit beruht, beispielsweise bei der Schwangerschaftskonfliktberatung. Diese Form der zwangsweisen Beratung (wenn in diesem Fall überhaupt noch von Beratung gesprochen werden kann) kann und wird im Internet nicht angeboten.

c) Planbarkeit

Die Asynchronität der Kommunikation via E-Mail oder in Newsgroups bzw. Mailinglisten macht Planung möglich. Informationen können aus verschiedenen Quellen beschafft werden, die eigenen Anfragen oder Beiträge können vorformuliert und überdacht werden und die Antworten sind weniger spontan, sondern gezielt und strukturierbar, als in Face-to-Face-Begegnungen, die von momentanen Ressourcen abhängig sind. Und, der gesamte Austausch (z.B. via E-Mail) kann rückblickend noch einmal betrachtet und reflektiert werden. Dadurch sind bei der Problemlösung auch selbstheilende und therapeutische Elemente wirksam.

d) Ungebundenheit (Zeit/Ort)

Ein anderes Kriterium ist die Ungebundenheit der Nutzung von Internetdiensten an Ort und Zeit. Zu jeder Tages- oder Nachtzeit und ohne das Haus verlassen zu müssen, kann der Ratsuchende sein Anliegen an die gewünschte Adresse schicken. Besonders in sehr belastenden Krisensituationen, die ja häufig nachts und am Wochenende einer Unterstützung bedürfen, können diese Möglichkeiten sehr hilfreich sein. So ist beispielsweise bei einigen Selbsthilfe-Newsgroups (de.etc.selbsthilfe.angst) besonders nachts eine reger Mailwechsel festzustellen (z.B zwischen 00.23 Uhr und 8.02 Uhr ca. 17 Postings).

Durch dieses Kriterium wird Beratung für eine ganz andere Klientel (z.B. Personen mit körperlichen Behinderungen) an Beratungssuchenden zugänglich als in der Face-to-Face-Beratung. Bis auf die Teilnahme an einem Chat ist der Ratsuchende bei der asynchronen Kommunikation an keine Zeit gebunden. Wann jedoch mit einer Antwort gerechnet werden kann, bleibt häufig eine unbestimmte Variable, die auch zu einigen Problemen führen kann. Beispielsweise kann das längere Ausbleiben einer Antwort als Interesselosigkeit interpretiert werden, aber aufgrund technischer Probleme aufgetreten sein.

e) Professionalität der Berater

Im Internet lässt sich Beratung des Weiteren nach dem Professionalisierungsgrad der Berater unterscheiden. Die Qualifikation der Berater kann abhängig von der institutionellen Anbindung sehr unterschiedlich sein. In der Netzberatung reicht die Palette vom selbsternannten Beratungsexperten über »Beratungslaien« in Selbsthilfegruppen bis hin zu für diesen Bereich speziell ausgebildeten Fachleuten (Psychologen, Ärzte, Psychotherapeuten etc.). Dementsprechend unterschiedlich gestaltet sich das Beratungsangebot, was die Seriosität, Kompetenz und Art der Hilfestellung (Ratschlag geben, Unterstützung bei der Problemlösung, Selbsthilfe etc.) anbelangt. In Selbsthilfe-Newsgroups kommt noch ein weiteres spezifisches Merkmal hinzu. Dieses Setting erlaubt es nämlich, dass beratende und ratsuchende Funktionen von ein und derselben Person im Rollentausch übernommen werden. In herkömmlichen Beratungssituationen sind die Rollen dagegen festgelegt und können nicht gewechselt werden.

f) Spezifität der Beratung

Abhängig vom gewählten Kommunikationsmedium lässt sich Beratung hinsichtlich der Spezifität der Beratung unterscheiden. Unter einer spezifischen Beratung versteht man beispielsweise den E-Mail-Austausch über eine individuelle Problematik zwischen Ratsuchendem und einem Berater. Auch bei einem Posting und dessen Beantwortung in einer Newsgroup handelt es sich häufig um einen spezifischen Austausch über eine ganz persönliche Problematik, die zunächst von einer Person vorgetragen wird und dann von anderen Mitgliedern kommentiert oder durch Selbstberichte ergänzt wird. Gleichzeitig richtet sich in diesem Fall die Kommunikation insgesamt auch unspezifisch an sämtliche Teilnehmer, die sich ja aufgrund eines speziellen Themas zusammengeschlossen haben.

Von Unspezifität kann folglich gesprochen werden, wenn sich Beratung allgemein

Karin Heller

an eine bestimmte Problemgruppe (z. B. Personen mit Angststörungen) richtet und die Information und Ratschläge so breit gefasst werden, dass sich jeder einzelne mit seinem speziellen Problem wiederfindet. Eine solche Beratung wird auch auf einigen WWW-Seiten als Expertenseite oder in Form von FAQ's dargeboten.

g) Publikum

Während es sich bei der Beratung via E-Mail um einen »privaten« Austausch zweier Personen handelt, der für die Öffentlichkeit unzugänglich ist, können bei anderen Kommunikationsformen sämtliche (Newsgroups) bzw. ein ausgewählter Teil (Mailinglisten, Chats) der Internet-User daran teilhaben. Kennzeichnend für beide Fälle von Beratung ist, dass zunächst eine spezifische Problematik bearbeitet wird und eine individuelle Beantwortung erhältlich ist. Bei öffentlichen Kommunikationsformen kommt als weiterer Aspekt die Partizipation einer nichtteilnehmenden Personengruppe hinzu. Dieser Austausch übernimmt, neben der speziellen Bearbeitung einer Fragestellung, eine weitere Funktion als stellvertretende Beratung für nichtagierende Mitlesende (»Lurker«).

4. Fazit

Die Analyse von Kommunikationsmerkmalen in einer Selbsthilfe-Newsgroup zeigt, dass die Besonderheiten der textbasierten Netzkommunikation und die Anpassung der Nutzer an deren Erfordernisse dazu führen, dass sich in der Internetkommunikation vorteilhafte Bedingungen für Beratung finden. Dies erklärt auch die wachsende Nachfrage, insbesondere für einen Personenkreis, für den die herkömmliche Beratung nicht zugänglich war. Da im Netz ein Höchstmaß an Anonymität gewährleistet wird, fällt es einigen Menschen leichter Kontakte im Internet zu knüpfen als offline. In keiner anderen Beratungsform kann der Ratsuchende so selbstbestimmt dosieren wie viel er von seiner Persönlichkeit, seinen Problemen und Ängsten preisgeben möchte. Die Schwellensituation sowie Schutz- und Kontrollbedürfnisse werden als deutlich beeinflussbarer und sicherer erlebt als in anderen Beratungsformen. Gerade die vorliegende Untersuchung einer Selbsthilfe-Newsgroup konnte zeigen, wie sehr die Gesprächssituation in der alleinigen Kontrolle der Ratsuchenden bleibt. In Abhängigkeit von der Feinfühligkeit der anderen Mitglieder und der Atmosphäre der Newsgroup können sich Vertrauen und Verlässlichkeit entwickeln – unabhängig von Aussehen, Geschlecht, Alter oder sozialem Status – die dazu anregen sich anderen Personen anzuvertrauen (vielleicht sogar mehr als in Face-to-Face-Selbsthilfegruppen). Freilich unterscheidet sich die Hilfe in Selbsthilfe-Newsgroups erheblich von der klassischen Form der Beratung, die sich dadurch auszeichnet, dass eine formelle asymmetrische Beziehung zwischen Berater und Ratsuchenden konstatiert wird, in der der Berater das Fragerecht innehat und der Ratsuchende in der Antwortpflicht steht (vgl. Schmitz et al. 1989). Trotzdem ließen sich in der vorliegenden Fallanalyse einige parallele Strukturmerkmale aufzeigen, so dass in Selbsthilfe-Newsgroups sicherlich auch Beratung stattfindet.

Unabhängig von der Art der Hilfe im Internet, sei es in Selbsthilfe-Newsgroups oder bei einem professionellen Berater, unterscheidet sich die Form der Kommunikation und damit die Anforderung an die Beteiligten, wie aufgezeigt wurde, bedeutend von den Beratungen außerhalb des Internet. Allein die rein schriftliche Form der Beratung im Internet erfordert ganz andere Kommunikationsstrategien als die verbale Face-to-Face-Beratung. Dieser Beschränkung auf eine rein »digitale Kommunikation« (vgl. Watzlawik 2000, 61ff.), bei der keine affektiven Färbungen über nonverbale Signale gezeigt werden können, muss Rechnung getragen werden. Insgesamt wird für die Internet-Beratung sicherlich wesentlich mehr Zeit benötigt und die Anfälligkeit für Verständnisprobleme mag größer sein als in der herkömmlichen Beratung. Aber trotz – oder gerade wegen – dieser medialen Einschränkungen findet unter den besonderen Bedingungen der computervermittelten Interaktion personalisierte Kommunikation statt. Dabei sind es die Beteiligten selbst, die den Kommunikationsraum, hier eine Newsgroup, in seiner konkreten Art und Weise konstituieren. Solche medialen Kommunikationsformen eignen sich um persönliche Bezüge zwischen den Kommunizierenden herzustellen, deren Austausch dann auch als besonders intensiv erlebt werden kann.

Es wurde deutlich, dass über das Internet neue soziale Räume geschaffen werden können, die eine besondere Form der Nähe und Vertrautheit erlauben und es den Beteiligten ermöglichen, über spezifische Kommunikationsstrukturen, Emotionalität und Verbundenheit auszudrücken. Internet als Kommunikationsraum etabliert sich damit für Ratsuchende ergänzend zur Face-to-Face-Beratung als ein vorteilhaften Kommunikationsmedium der Beratung.

Trotzdem kann Internet-Beratung die herkömmliche Beratung mit ihren vielfältigeren Kommunikationskanälen nicht ersetzen, vielmehr stellt sie eine hilfreiche Ergänzung dar, die vor allem dort wirkt, wo andere Hilfsangebote nicht greifen.

Literatur

Bergmann, J.R.; Goll, M. & Wiltschek, S. (1998): Beratungseinrichtungen als intermediäre Institution. In: Luckmann, T. (Hg.): Moral im Alltag. Gütersloh (Bertelsmann), S. 143-218.
Christl, F. (2000): Psychologische Beratung im Internet – ein Erfahrungsbericht. In: Batinic, B. (Hg.): Internet für Psychologen. Göttingen (Hogrefe), S. 549-565.
Dietrich, G. (1988): Spezielle Beratungspsychologie. Göttingen (Hogrefe).
Döring, N. (2000): Selbsthilfe, Beratung und Therapie im Internet. In: Batinic, B. (Hg.): Internet für Psychologen. Göttingen (Hogrefe), S. 508-547.
Jaeger, K. (1998): Im virtuellen Selbsthilfenetz. In: Janssen, L. (Hg.): Auf der virtuellen Couch. Selbsthilfe, Beratung und Therapie im Internet. Bonn (Psychiatrie-Verlag), S. 40-52.
Janssen, L. (Hg.) (1998): Auf der virtuellen Couch. Selbsthilfe, Beratung und Therapie im Internet. Bonn (Psychiatrie-Verlag).
Kleinberger Günther, U.; Thimm, C. (2000): Soziale Beziehungen und innerbetriebliche Kommunikation: Formen und Funktionen elektronischer Schriftlichkeit in Unternehmen. In: Thimm, C. (Hg.): Soziales im Netz. Sprache, Beziehungen und Kommunikationskulturen im Internet. Opladen (Wiesbaden), S. 262-277.
Mettler-Meibom, B. (1994): Kommunikation in der Mediengesellschaft. Tendenzen – Gefährdungen – Orientierungen. Berlin (Edition Sigma).
Moeller, M.L. (1978): Selbsthilfegruppen. Reinbeck (Rowohlt).
Schmitz, E.; Bude, H. & Otto, C. (1989): Beratung als Praxisform angewandter Aufklärung. In: Bonß, W. (Hg.): Weder Sozialtechnologie noch Aufklärung. Frankfurt (Suhrkamp), S. 122-148.
Stegbauer, Ch.; Rausch, A. (2001): Die schweigende Mehrheit – »Lurker« in internertbasierten Diskussionsforen. Zeitschrift für Soziologie 30(1), 48-64.
Schönberger, K. (2000): Internet und Netzkommunikation im sozialen Nahbereich. Anmerkungen zum langen Arm des ›real life‹. In: forum medienethik 2/2000: Netzwelten, Menschenwelten, Lebenswelten. Kommunikationskultur im Zeichen von Multimedia, S. 33-42. [Online Dokument.] URL: http://max.lui.unituebingen.de/fp/medienethik.pdf
Watzlawik, P.; Beavin, J.H. & Jackson, D.D. (2000): Menschliche Kommunikation. Bern (Huber) (10. Aufl.).
Walther, J.B. (1992): Interpersonal effects in computer-mediated interaction: A relational perspective. Com Res 19, 52-90.
Volpert, W. (1985): Zauberlehrlinge. Die gefährliche Liebe zum Computer. Weinheim und Basel (Beltz).

»M-Therapy«: Klinisch-psychologische Interventionen mit Mobilmedien

Nicola Döring & Christiane Eichenberg

Zusammenfassung
Der Beitrag gibt einen Überblick über den aktuellen Forschungs- und Entwicklungsstand zu klinisch-psychologischen Interventionen mit computertechnischen Mobilmedien (Mobile Therapy, kurz: M-Therapy). Im Unterschied zum herkömmlichen stationären Computer, dessen Nutzung an bestimmte Orte gebunden ist, können über drahtlos vernetzte Mobilmedien jederzeit und überall im Alltag instantan klinisch-psychologisch relevante Daten erfasst, Informationen abgerufen, Trainingseinheiten absolviert oder Kontakte zu Therapeuten und Mitpatienten aufgenommen werden. Pilotprojekte und erste Evaluationsstudien mit unterschiedlichen Patientengruppen zeigen, dass Handys, Spielkonsolen, Handhelds, Notebooks und Roboter für psychologische Diagnostik, Beratung, Rehabilitation und Therapieunterstützung sinnvoll einsetzbar sind: Sie stoßen in der Regel auf gute Akzeptanz und steigern die Therapieeffizienz, teilweise sogar bei gleichzeitigen Kosteneinsparungen. Die medienspezifischen Chancen und Grenzen der M-Therapy werden diskutiert.

Key Words:
Handy, Mobiltelefon, Spielkonsole, Handheld, Notebook, Roboter, Diagnostik, Beratung, Rehabilitation, Therapie

Mitte der 1990er Jahre wurde das Internet populär. In den frühen 2000er Jahren folgte dann der Boom der Mobilkommunikation: Das Handy etablierte sich binnen kürzester Zeit als persönliches Mehrzweckmedium. Die Zahl der Handy-Nutzer übersteigt in Deutschland und international mittlerweile die Zahl der Computer- und Internet-Nutzer um ein Vielfaches (siehe Tabelle 1). Nach der *Internet-Ära* wird zuweilen schon das neue *Mobilzeitalter* ausgerufen (vgl. Reischl & Sundt 1999).

Ausstattung der Haushalte	1998	2003	Differenz
Computer	39	61	+22
Internet	08	42	+34
Mobiltelefon	11	72	+61

Ausstattungsgrad von je 100 privaten Haushalten in Deutschland mit ausgewählter Informations- und Kommunikationstechnik (Quelle: Statistisches Bundesamt 2003)

Mobilkommunikation ist ein Sammelbegriff für die Kommunikation über portable, drahtlos vernetzte Informations- und Kommunikationsgeräte. Neben dem Mobiltelefon gehören zu den *Mobilmedien* auch mobile Spielgeräte, Handhelds, Notebooks und mobile Roboter. Mit diesen Endgeräten lassen sich eine Vielzahl von mobilen Diensten und Anwendungen im Alltag nutzen. So wird das internetgestützte »E-Learning« durch Mobilkommunikation zum »M-Learning« (Mobile Learning), das gerade in der klinischen Ausbildung oft erprobt und eingesetzt wird: Denn ein Taschencomputer als mobiles Lernmedium kann flexibel direkt am Krankenbett genutzt werden, etwa um Notizen zu erstellen oder Datenbanken abzurufen (vgl. Johnston et al. 2004). Ebenso ergänzen »Mobile Banking« oder »Mobile Shopping« über Handy das herkömmliche Online-Banking und Online-Shopping am stationären Computer.

Das Internet hat sich zur Unterstützung und Begleitung psychosozialer und psychotherapeutischer Maßnahmen – oft unter Schlagworten wie *Online-Therapie* oder *E-Therapy* – in zahlreichen Projekten als erfolgreich und nützlich erwiesen (siehe für einen Überblick Ott & Eichenberg 2003). Vor diesem Hintergrund ist es nahe liegend zu prüfen, inwiefern Mobilmedien im Rahmen einer *M-Therapy* (Mobile Therapy) ebenfalls sinnvoll einsetzbar sind. Tatsächlich existieren bereits erste wissenschaftlich begleitete und evaluierte Pilotprojekte, in denen beispielsweise Patienten nach einem Klinikaufenthalt über Handy-Kurzmitteilungen verhaltenstherapeutisch betreut wurden oder parallel zu einer Gruppentherapie im Alltag stets einen Taschencomputer mit Diagnose- und Therapie-Modulen bei sich trugen, um ihre Symptome zu protokollieren oder interaktive Übungen durchzuarbeiten.

»M-Therapy«: Klinisch-psychologische Interventionen mit Mobilmedien

Ziel des vorliegenden Beitrages ist es, die Potenziale und Grenzen einer mobilmedienbasierten »M-Therapy« – als Ergänzung und Erweiterung der internetbasierten »E-Therapy« – zu erkunden. Dabei geht es nicht nur um Psychotherapie im engeren Sinne, sondern um das gesamte Spektrum klinisch-psychologischer Intervention.

Ebenso wie Onlinemedien haben auch Mobilmedien potenziell sowohl *salutogene* als auch *pathogene* Potenziale. Mobilmedien können nicht nur sozialverträglich, psychologisch unterstützend und heilend wirken, sondern – je nach Nutzungsweise und Nutzungskontext – auch vorhandene Störungen verstärken oder neue Störungen entstehen lassen (zu psychologischen Aspekten der Mobilkommunikation siehe zusammenfassend Döring 2005). Beispielsweise mag eine – in Face-to-Face-Situationen noch kontrollierte – Tendenz zu antisozialem Verhalten sich in hochfrequenter Belästigung per Handy-Anruf oder Handy-Kurzmitteilung ausdrücken; denn das Mobilmedium ist ständig bei der Hand und auch anonym nutzbar, was Hemmschwellen herabsetzt (zu Handy-Stalking siehe Eytan & Borras 2005). Auch eine zwanghafte oder suchtähnliche Vielnutzung wird berichtet (zu Handy-Abhängigkeit siehe Park 2005) sowie ein Zusammenhang zwischen intensiver Handy-Nutzung und gesundheitsbeeinträchtigenden Verhaltensweisen (Leena, Tomi & Ajra 2005). Für die klinisch-psychologische Praxis ist es von Bedeutung, möglicherweise schädliche Mobilmediennutzung zu erkennen und entsprechend zu behandeln. Will man pathologische Phänomene im Zusammenhang mit dem Handy umfassend betrachten, so sind beispielsweise Wahnvorstellungen im Zusammenhang mit dem Handy (z.B. Stimmenhören über Funkwellen) zu beachten. Sicherlich ist es sinnvoll, solche medienspezifischen Störungs-Manifestationen in die Diagnose und Therapie einzubeziehen, ohne jedoch die Problemursache per se im Medium zu suchen. Forschungsbedarf besteht außerdem hinsichtlich subjektiver Beschwerden durch »Elektrosmog« und Handystrahlung (z.B. Übelkeit, Kopfschmerz), die unter dem Störungsbild der *Elektrohypersensitivität* zusammengefasst werden (Henningsen & Priebe 2003).

Im Folgenden werden die aktuell verfügbaren Mobilmedien mit ihren Systemkomponenten zunächst kurz vorgestellt, bevor ihre klinisch-psychologischen Einsatzmöglichkeiten illustriert werden. Anschließend werden Pilotprojekte aus der Praxis präsentiert und zwar für die Endgeräte Handy, mobile Spielkonsole, Handheld, Notebook und Roboter. Der Beitrag endet mit einer Zusammenfassung medienspezifischer Chancen und Risiken sowie einem Ausblick auf die zukünftige Entwicklung der »M-Therapy«.

Nicola Döring & Christiane Eichenberg

1. Mobilmedien

Mobilmedien bestehen aus drei Systemkomponenten: Dem portablen Endgerät zur Datenverarbeitung (z. B. Handy), dem drahtlosen Netzwerk zur Datenübertragung (z. B. Mobilfunknetz) sowie den mobilen Diensten und Anwendungen (z. B. Handy-Kurzmitteilungs-Dienst).

1.1 Portable Endgeräte

Portable Informations- und Kommunikationsgeräte lassen sich grob in fünf Typen einteilen:

Mobiltelefon. Das Mobiltelefon (mobile phone/cell phone; im Deutschen kurz: Handy) ist das mit Abstand am weitesten verbreitete Mobilmedium. Es ist mehr als ein portables Telefon, denn per Handy lassen sich zahlreiche weitere Dienste und Anwendungen nutzen: Man kann beispielsweise Text-, Foto-, Audio- und Videobotschaften sowie E-Mails und Faxe senden und empfangen, Musik hören, Radioprogramme empfangen, kleine Computerspiele spielen, einen Kalender führen und sogar (in eingeschränkter Weise) Internet-Inhalte abrufen.

Mobile Spielkonsole. Während stationäre Spielkonsolen an den Fernseher angeschlossen werden und dann die Nutzung von Videospielen ermöglichen, enthalten so genannte mobile Spielkonsolen ein kleines Display und können somit ortsunabhängig eingesetzt werden. Eine sehr bekannte mobile Spielkonsole ist der Gameboy von Nintendo, der besonders bei Kindern beliebt ist. Heutige Spielkonsolen integrieren neben der Spielfunktion zunehmend weitere Funktionen, wie z. B. den Austausch von Text-, Foto-, Audio- und Videobotschaften oder die Lokalisierung der Spielpartner/innen. Mobile Spielkonsolen werden dadurch vom reinen Spielgerät zum integrierten Spiel- und Kommunikationsgerät.

Handheld (auch: PDA: Personal Digital Assistant; Pocket PC, Palmtop). Der Handheld ist ein handtellergroßer Mini- oder Taschencomputer, der vor allem im Business-Bereich verbreitet ist. Im Vergleich zum klassischen stationären Personalcomputer ist er in seiner Leistungsfähigkeit eingeschränkt, dafür aber deutlich preisgünstiger und zudem durch seine Handlichkeit portabler. Auf dem Handheld laufen die herkömmlichen Computerprogramme nicht, stattdessen muss man auf spezielle Handheld-Software zurückgreifen, die jedoch in großer Fülle zur Verfügung steht. Per Handheld kann zudem das Internet genutzt werden.

Notebook (auch: Laptop). Das Notebook ist ein vollwertiger Personalcomputer, der durch leichte und kompakte Bauweise sowie durch Unabhängigkeit vom Stromnetz ortsflexibel und mobil (z.B. im Zug) einsetzbar ist. Per Notebook können alle herkömmlichen Computerprogramme genutzt werden, zudem ist über ein drahtloses Netzwerk auch eine Internet-Anbindung möglich. Zunehmend mehr Menschen kaufen ergänzend oder sogar anstelle eines stationären Computers ein Notebook (z.B. Studierende, die ihr Arbeitsgerät sowohl am Studienort als auch am Heimatort nutzen wollen).

Roboterassistent (auch: Serviceroboter, Personal Robot, Consumer Robot). Im Unterschied zum Industrieroboter (z.B. Greifarm, der autonom Autoteile lackiert) hat ein Roboterassistent eine menschenähnliche (humanoide/anthropomorphe) Gestalt und ist darauf ausgerichtet, mit dem Menschen zu interagieren und ihn im Alltag zu unterstützen. Man unterscheidet Softbots und Hardbots. *Softbots* (Software Robots) bzw. anthropomorphe Interface-Agenten existieren nur auf dem Bildschirm und interagieren über Text und/oder Ton mit dem Nutzer. *Hardbots* (Hardware Robots) existieren dagegen physisch (z.B. als mechanischer Roboterhund) und können sich dank künstlicher Intelligenz, entsprechender Sensoren und Aktoren mehr oder minder autonom in der Umwelt bewegen. Sie reagieren auf Geräusche, Licht, Temperatur und Berührungen, verfügen teilweise über Sprachausgabe und einige von ihnen kommunizieren per E-Mail oder Handy-Kurzmitteilung. Insbesondere die physischen Roboterassistenten existieren bislang vornehmlich in Forschungslabors und haben den Massenmarkt noch nicht erreicht. Ihr besonderes Potenzial liegt darin, dass sie auch physische Assitenzleistungen anbieten (z.B. Begleitung zu einem Raum, Heben oder Anreichen von Gegenständen).

1.2 Drahtlose Netzwerke

Drahtlose Netzwerke (wireless networks) realisieren die Datenübertragung per Funktechnologie. Gemäß ihrer Reichweite lassen sich drei Typen von drahtlosen Netzwerken unterschieden:

W-PAN (Wireless Personal Area Network). Dieser Netzwerktyp dient der Datenübertragung über Distanzen von wenigen Metern. Verbreitete Technologien sind Infrarot und Bluetooth. Innerhalb eines Raumes können per Bluetooth beispielsweise Fotos oder Kurzmitteilungen von einem Handy direkt auf ein anderes Handy, auf eine mobile Spielkonsole, auf ein Notebook oder einen Personalcomputer übertragen werden. Die Datenübertragung ist dabei kostenfrei.

W-LAN *(Wireless Local Area Network)*. Dieser Netzwerktyp dient der Datenübertragung über Distanzen von Dutzenden bis Hunderten von Metern. Mit W-LANs werden typischerweise umgrenzte Areale abgedeckt, etwa eine Wohnung, ein Firmengelände, ein Universitätscampus, ein Flughafen oder ein Restaurant. W-LANs können so organisiert sein, dass nur eine Gruppe von Geräten (z.B. Notebooks) untereinander Daten austauschen kann. Oftmals wird über ein W-LAN jedoch zusätzlich auch Zugang zum drahtgebundenen Internet hergestellt. Man spricht dann von einem Wireless Access Point oder Hotspot. W-LAN-Karten sind für Roboterassistenten, Notebooks, Handhelds, mobile Spielkonsolen und für Handys verfügbar.

W-WAN (Wireless Wide Area Network). Dieser Netzwerktyp dient der Datenübertragung über Distanzen von vielen Kilometern. Durch die Verbindung zwischen W-WANs kann letztlich eine weltweite Abdeckung gewährleistet werden. Die heute gängigen W-WANs sind die Mobilfunknetze der 2. Generation (GSM-Standard: Global System for Mobile Communications) und der 3. Generation (UMTS-Standard: Universal Mobile Telecommunications Standard). Der Zugang zu diesen Mobilfunknetzen ist kostenpflichtig und wird in erster Linie über Handys realisiert.

1.3 Mobile Dienste und Anwendungen

Dienste und Anwendungen umfassen die konkreten Leistungen, die portable Endgeräte den Teilnehmerinnen und Teilnehmern anbieten. Während für die Nutzung mobiler Dienste ein Datenaustausch über ein drahtloses Netzwerk notwendig ist (z.B. Mitteilungsdienst des Handys), laufen mobile Anwendungen ohne Netzanbindung im Endgerät (z.B. Kalenderfunktion des Handys).

Das Spektrum der mobilen Dienste und Anwendungen ist sehr breit und in vier Kategorien einzuteilen:

M-Communication. Mobile Kommunikationsdienste wie z.B. Mobiltelefonie, textbasierte und multimediale Mitteilungsdienste. Dabei kann es sich um Individualkommunikation handeln, aber auch um Gruppenkommunikation.
M-Information. Information mittels Mobilmedien beinhaltet das eigene Informationsmanagement (z.B. Kalender, Adressbuch, Notizen, Dokumente) sowie den Zugriff auf Informationsangebote (z.B. mobiler Abruf von Online-Zeitungen via Notebook oder Börsenkurse auf das Handy).

M-Entertainment. Unterhaltung mittels Mobilmedien umfasst Handy-Klingeltöne und Logos, Spiele für Handys und Handhelds (M-Gaming), Handy-TV oder den Abruf unterhaltsamer mobiler Internet-Angebote.
M-Transaction. Transaktionen mittels Mobilmedien umfassen den Kauf von Eintritts- oder Fahrkarten (M-Ticketing), das Abwickeln von Bankgeschäften (M-Banking) sowie das Bezahlen (M-Payment) oder das Einkaufen (M-Shopping).

Vorhandene mobile Dienste und Anwendungen lassen sich teilweise im klinisch-psychologischen Kontext einsetzen (z. B. Handy-Telefonat zwischen Patient und Therapeut), teilweise ist aber auch die Entwicklung neuer spezifischer Anwendungen wünschenswert (z. B. therapeutisch wirksame Handy-Spiele).

2. Klinisch-psychologischer Einsatz von Mobilmedien

»Unter klinisch-psychologischer Intervention werden sämtliche Formen professioneller psychologischer Unterstützung bei der Bewältigung vorwiegend psychischer, aber auch sozialer und körperlicher Beeinträchtigungen und Störungen zusammengefasst« (Bastine 1992, S. 58). Klinisch-psychologische Intervention umfasst also nicht nur Psychotherapie im engeren Sinne, sondern auch psychologische Beratung, Krisenintervention, Selbsterfahrung und Trainings, Selbsthilfe, Etablierung sozialer Unterstützungssysteme und vieles mehr. Gegenstand der Behandlung sind dabei eben auch körperliche Beeinträchtigungen, so dass sich Überschneidungen mit der Gesundheitspsychologie ergeben. Die Einsatzmöglichkeiten von Mobilmedien in diesem Bereich sind breit gefächert und dabei mit medienspezifischen Chancen – aber auch gewissen Risiken – verbunden.

Tätigkeiten in der klinisch-psychologischen Praxis lassen sich grob in einen zeitlichen Dreischritt einteilen, wobei sich die Phasen in der Praxis oft überlappen: Diagnostik (Welches Problem liegt vor und welche Maßnahmen sind geeignet?), Intervention im engeren Sinne (Durchführung von Maßnahmen zur Prävention, Beratung/Krisenintervention, Selbsthilfe, Psychotherapie und Rehabilitation) und Evaluation (Erfolgsbewertung von Maßnahmen).

Mobilmedien sind bislang in allen genannten Handlungsfeldern eingesetzt worden, wie Tabelle 2 anhand exemplarischer Beispiele aus der Fachliteratur nachweist.

1. Diagnostik
o Kopfschmerzpatienten wird zur Aufzeichnung von Symptomverlauf und Auslösefaktoren ein auf einem Handheld auszufüllendes Schmerztagebuch zur Verfügung gestellt, das z. B. von Kindern gründlicher bearbeitet wird als ein äquivalentes Papier-Tagebuch (Palermo, Valenzuela & Stork 2004).

2. Intervention
o Prävention Grundschulkinder werden durch regelmäßige Handy-Kurzmitteilungen zu einer Kontrolle und gesundheitsförderlichen Gestaltung ihrer körperlichen Aktivitäten und ihres Zuckerkonsums motiviert. Dies dient der Vorbeugung von Adipositas, wobei die Eltern bei der Handy-Nutzung helfen (Bauer et al. 2004). o Beratung/Krisenintervention Menschen mit Fragen, Sorgen oder in aktuellen Krisensituationen können sich per Handy-Kurzmitteilung an Beratungs- oder Seelsorgeeinrichtungen wenden, was teilweise niederschwelliger ist als ein Anruf (Aebischer-Crettol 2003). o Selbsthilfe Menschen, die sich in einer Online-Selbsthilfegruppe engagieren, können sich mit Handy oder Handheld jederzeit austauschen, sowie die aktuellen Aufenthaltsorte anderer Community-Mitglieder anzeigen lassen und sich spontan mit ihnen treffen (Burak & Sharon 2004). o Psychotherapie Patienten mit Autofahr-Phobie wird im Rahmen einer verhaltenstherapeutischen Konfrontationstherapie die Möglichkeit geboten, während ihrer Alleinfahrten vom Auto aus per Mobiltelefon bei Bedarf mit dem Therapeuten oder anderen Vertrauenspersonen Kontakt aufzunehmen (Flynn, Taylor & Pollard 1992). o Rehabilitation Patienten, die aufgrund von Gehirnverletzungen unter Gedächtnisstörungen leiden, werden in ihrer Alltagsbewältigung durch Handhelds unterstützt, die Erinnerungs- und Überwachungsfunktionen übernehmen (Schulze 2004).

Tabelle 1: Ausstattungsgrad von je 100 privaten Haushalten in Deutschland mit ausgewählter Informations- und Kommunikationstechnik (Quelle: Statistisches Bundesamt 2003)

3. Evaluation (inkl. Planung, Dokumentation)
o Um den Erfolg einer Intervention zu messen, ist es notwendig, Symptomverlauf, Zufriedenheit des Patienten usw. vor, während und nach der Intervention zu erfassen und an Ziel- oder Normwerten zu messen. Dies kann z.B. mit Web- AKQUASI (Aktive Interne QUAlitätsSIcherung) realisiert werden, einem System, das die Dateneingabe durch Patienten und Datenauswertung auf Seiten des Therapeuten über eine Webschnittstelle stationär und mobil (z.B. per Notebook oder PDA) erlaubt (Percevic & Kordy 2003)

Tabelle 2. Beispiele für den Einsatz von Mobilmedien in der klinisch-psychologischen Praxis

3. Handy

Das Mobiltelefon ist das mit Abstand populärste Mobilmedium: Es wird von der Bevölkerungsmehrheit genutzt und ist insbesondere bei Kindern und Jugendlichen sehr beliebt. Als persönliches Medium ist es im Alltag ständig verfügbar und niederschwellig einsetzbar. Der klinisch-psychologische Einsatz des Mobiltelefons konzentriert sich bislang auf den Bereich der Diagnose sowie auf die Beratung und Therapie mittels Handy-Kurzmitteilungen (SMS: Short Messaging Service) und Mobiltelefonie.

3.1 Handy-Diagnose

Der diagnostische Einsatz des Handys kann die Erhebung subjektiver Selbstauskünfte umfassen (z.B. über ein digitales Tagebuch oder eine Kurzmitteilungs-Abfrage), aber auch objektive psychophysiologische Messungen beinhalten. Das so genannte *Vitaphone* (www.vitaphone.de) ist ein Handy, das mittels Elektroden im Gehäuse die Herzfrequenz misst, wenn man es an die Brust hält. Bei kritischen EKG-Werten löst es automatisch einen Notruf aus und übermittelt gleichzeitig den aktuellen Aufenthaltsort. Dieser – zunächst auf den medizinischen Bereich zugeschnittene – Dienst könnte psychologisch möglicherweise im Zusammenhang mit der Behandlung der Herzphobie (intensive Angst vor einem Herinfarkt ohne medizinischen Befund) sinnvoll eingesetzt werden.

Mit diesem und ähnlichen Diensten können objektive und subjektive Sicherheit gesteigert werden. Eine digitale Diagnostik im Alltag liefert Verlaufsdaten, die nicht zuletzt auch für die Therapieplanung und -evaluation sowie zu Forschungszwecken genutzt werden können. Die Kopplung von Messgeräten an das Handy hat den Vorteil, dass kein separates Gerät mitgenommen werden muss.

3.2 SMS-Beratung

Beratungsreinrichtungen wie z.B. Pro Familia (www.sextra.de), das private Schweizer Sorgentelefon für Kinder (www.sorgentelefon.ch) und die christlichkirchliche Internet-Seelsorge (www.seelsorge.net) bieten ergänzend zu Festnetz-Telefonaten und E-Mail- oder Chat-Kontakten neuerdings auch *SMS-Beratung*, die allgemein gut angenommen wird (Pro Familia seit 2004, das Sorgentelefon seit 2002, die Internet-Seelsorge seit 1999). SMS-Beratung eignet sich vor allem für *Erstkontakte* und eine anschließende Weitervermittlung (z.B. zur Telefon- oder persönlichen Beratung) sowie für *Kurzkontakte* (Klärung eher eng umrissener Fragen und Probleme). Die Internet-Seelsorge nutzt als technische Basis für ihre SMS-Beratung die Freeware SMSBlaster (www.aspsms.com/download/smsblaster/), die es ermöglicht, den SMS-Verkehr über eine Internet-Schnittstelle zu verwalten und zu archivieren.

Das Schweizer »Sorgentelefon für Kinder« berichtet, dass nach Einführung seiner SMS-Beratung von Februar bis Dezember 2000 142 Kinder per SMS beraten wurden, im Jahr 2001 waren es schon 192 (Sorgentelefon für Kinder 2001). Die Anzahl der ausgetauschten SMS-Botschaften stieg von 1200 SMS im Jahr 2001 auf 3163 Kurzmitteilungen im Jahr 2002. Manche SMS-Dialoge beinhalteten bis zu 20 SMS des Rat suchenden Kindes, die oftmals über mehrere Tage hinweg eingingen, je nachdem, wann das Kind die nötige Zeit und Ruhe zum Texten fand. Das Themenspektrum der Anfragen umfasste in absteigender Häufigkeit: Sexualaufklärung, Freundschaft, Familie, Sachfragen, Suchtprobleme, Schulfragen, Missbrauch, Schwangerschaft, Gewalt und Gruppen. Ein Problem stellte für die Kinder oftmals die Finanzierung der SMS-Botschaften dar. Während ein Festnetztelefonat mit Notruftelefonen in der Regel kostenlos ist, müssen bei der SMS-Beratung bislang noch die einzelnen Botschaften bezahlt werden. Dies kann unter Umständen die Berater verunsichern, weil sie nicht wissen, ob eine Kontaktpause durch finanzielle Engpässe bedingt ist, Unzufriedenheit mit dem Berater widerspiegelt oder gar auf einen Suizid oder ähnlich dramatische Geschehnisse hindeutet. Umgekehrt können natürlich auch die Rat suchenden Kinder in Stress geraten, wenn sie den Beratungsdialog fortsetzen müssen, aber ihr Handy-Guthaben verbraucht ist.

Ähnlich wie bei der Online-Beratung per E-Mail ist auch bei der SMS-Beratung ein Kanalwechsel (z. B. zum Telefon) sinnvoll, wenn es Anzeichen für eine akute Krisensituation gibt (für die Dokumentation SMS-Beratung bei suizidaler Krise siehe Aebischer-Crettol 2003). Obwohl die begrenzte Zeichenzahl sicherlich ein Handicap der SMS-Beratung sein kann, erweist es sich gleichzeitig als Vorteil, dass bei SMS-Anfragen nicht lange »drumherumgeredet«, sondern das Anliegen pointiert vorgebracht wird. Schließlich ist auch zu beachten, dass via schriftlicher Handy-Nachrichten Menschen mit Hör- und Sprachproblemen sich gleichberechtigt artikulieren können. Nicht zuletzt wird die SMS-Kommunikation auch im Alltag oft als »soziale Nabelschnur« empfunden: Ohne viele Worte kann man räumlich entfernte Beziehungspartner erreichen und durch zeitnahe Antwort deren soziale Präsenz spüren. Diese Funktion war möglicherweise auch für die ältere, an terminalem Krebs erkrankte Frau von Bedeutung, die jeden Morgen eine SMS an die SMS-Seelsorge verschickte (Aebischer-Crettol 2003, S. 108).

3.3 SMS-Therapie

Eine Psychotherapie allein auf SMS-Basis scheint weder sinnvoll noch wünschenswert. Dafür kann die SMS eine *Brücken-Funktion* übernehmen, wenn Patienten von stationärer Behandlung wieder in ihren Alltag zurückkehren und noch keine ausgebaute ambulante Versorgungsstruktur am Wohnort vorfinden. Die Stuttgarter Forschungsstelle für Psychotherapie führte in Zusammenarbeit mit der Psychosomatischen Fachklinik Bad Pyrmont von Mai 2002 bis Mai 2003 ein SMS-basiertes nachstationäres Betreuungsprogramm für Bulimiepatientinnen durch (Bauer et al. 2003). Einmal pro Woche erhielten n=33 aus der Klinik entlassene Patientinnen eine SMS, in der sie nach Stimmung, Körpergewicht und Essverhalten gefragt wurden. Die Patientinnen bewerteten die drei Parameter auf einer Skala von 1 (sehr gut) bis 5 (miserabel). Die Bewertungsziffern wurden dann an den Zentralcomputer geschickt. Lautet diese Ziffern-Antwort auf die drei Fragen zum Beispiel »4,1,1«, so bedeutet dies: »schlechtes Körpergefühl, keine Essanfälle, kein Erbrechen«. Per Zufallsgenerator wählt der Stuttgarter Computer dann eine aus 160 möglichen Antworten auf den entsprechenden Zahlencode aus und schickt ihn als SMS der Patientin auf das Display des Mobiltelefons. Etwa so: »Dass man sich in seinem Körper manchmal nicht wohl fühlt, ist normal und geht vorüber. Seien Sie stolz darauf, dass Sie Ihre Essstörungen so gut im Griff haben.«

Im Durchschnitt nahmen die Patientinnen 21 Wochen am Programm teil. Die Mehrzahl äußerte sich sehr zufrieden mit dem Angebot: 83 % beurteilten die

Qualität des Programms als gut, 88 % würden es weiterempfehlen und 80 % würden selbst wieder teilnehmen. Als positiv erlebten es die Patientinnen, jede Woche wieder über die eigene Symptomatik nachzudenken und das Gefühl zu haben, dass sich die Klinik noch für ihr Befinden interessiert. Neben der hohen subjektiven Akzeptanz des Programms zeigten sich auch deutliche objektive Therapieerfolge anhand der Symptome, wobei jedoch kein Vergleich zu einer Kontrollgruppe vorliegt. Eine Fortsetzung des Pilotprojektes *SMS-Brücke* ist geplant. Mit geringem Personal- und Kostenaufwand kann die SMS-Brücke offensichtlich eine Lücke im psychosozialen Versorgungssystem sinnvoll schließen.

3.4 Mobiltelefonie-Therapie

Die Behandlung von Angststörungen umfasst gemäß der Methode der systematischen Desensibilisierung drei Phasen: Zunächst werden Techniken der Entspannung und Angstkontrolle erlernt. Dann erfolgt eine schrittweise gedankliche (in senu), virtuelle (Eintauchen in eine computergenerierte Virtual-Reality-Umgebung, Schubert & Regenbrecht 2002) oder reale (in vivo) Konfrontation mit der Angst auslösenden Situation unter therapeutischer Begleitung. In der dritten und letzten Phase wird dann das selbständige Handeln des Patienten im Angst auslösenden Kontext geübt und gefestigt.

Der mobile Telefonie-Dienst des Handys kann eingesetzt werden, um eine telepräsente Begleitung des Patienten bei einer in-vivo-Exposition zu gewährleisten. Bei der Behandlung einer Autofahr-Phobie können also anstelle gemeinsamer Fahrten mit dem Therapeuten frühzeitig Alleinfahrten unternommen werden, bei denen aber bei Bedarf telefonisch Kontakt zum Therapeuten aufgenommen werden darf. Dies erlaubt den Patienten ein zeit- und ortsflexibleres Üben. Es ist jedoch bei der Indikation und therapeutischen Nutzung des Mobiltelefons zu beachten, dass eine Abhängigkeit vom Handy vermieden wird: Nicht für jeden Patienten ist ein Handy-Einsatz in der Therapie geeignet (z. B. wäre er bei Zwangserkrankungen vermutlich kontraindiziert). Zudem muss im Behandlungsplan eine systematische Reduktion der Handy-Unterstützung vorgesehen sein. So kann bei der ersten Konfrontation mit dem angstbesetzten Autofahren die Erlaubnis gegeben werden, bei Bedarf *jederzeit* den Therapeuten anzurufen. Im Zuge der Ausweitung der Konfrontation (längere Strecken bei Alleinfahrten) wäre dann der Handy-Zugriff zunächst zu begrenzen (z. B. Erlaubnis, den Therapeuten *erst nach einer bestimmten Mindeststrecke* anzurufen) und schließlich zu eliminieren (durch Fahrten bei ausgeschaltetem Handy bzw. ohne Handy; siehe für ein entsprechendes Therapiekonzept und zwei Fallbeschreibungen Flynn, Taylor & Pollard 1992).

Bei der telepräsenten Betreuung im Auto ist zudem eine mögliche Beeinträchtigung der Fahrleistung – trotz Freisprechanlage – in Rechnung zu stellen. Doch auch bei anderen spezifischen Phobien neben der Autofahr-Phobie ist eine therapeutische Begleitung per Handytelefonat denkbar. Angstmindernd scheint zum einen die Stimme des Therapeuten zu wirken, zum anderen aber auch die Möglichkeit einer sofortigen Kontaktaufnahme, ohne dass diese in Anspruch genommen wird (das Handy fungiert dann als Hinweisreiz, der Sicherheit vermittelt).

4. Mobile Spielkonsole

Mobile Spielkonsolen sind vor allem bei Kindern beliebt, die oft keinen eigenen Computer besitzen. Das Spielen von Computer-, Online-, Handy- oder Konsolenspielen wird pädagogisch oft kritisch beurteilt, etwa wegen gewalthaltiger Spielinhalte oder suchtähnlicher Vielnutzung auf Kosten anderer (z. B. geselliger, sportlicher) Aktivitäten. Teilweise wird kritisch sogar von einer »Medienverwahrlosung« einer Teilgruppe männlicher Jugendlicher – vor allem durch intensive Rezeption gewalthaltiger Medieninhalte – gesprochen (vgl. Pfeiffer 2003). So ist man gerade bei der psychotherapeutischen Behandlung von Kindern und Jugendlichen nicht selten damit beschäftigt, Viel- und Extremspielern Verhaltensalternativen nahe zu bringen.

Andererseits kann die Attraktivität von digitalen Spielen, die mittels mobiler Spielkonsolen im Alltag orts- und zeitflexibel verfügbar sind, auch pädagogisch und psychologisch konstruktiv eingesetzt werden, jeweils in Abhängigkeit vom Entwicklungsstand eines Kindes (Spitczok von Brisinski, Latzko & Goldbeck 1993). Man spricht von »*Serious Games*« oder »*Social Impact Games*« (www.socialimpactgames.com), sofern eine Spielanwendung neben dem Unterhaltungsnutzen einen definierten weiteren Nutzwert haben soll. Wenn wir davon ausgehen, dass Kinder und Jugendliche im Alltag heute an avancierte digitale Medien gewöhnt sind, scheint es wünschenswert, psychotherapeutische Materialien (z. B. Hausaufgaben in der Verhaltenstherapie) diesen Ansprüchen und Erwartungen anzupassen, um die Nutzungsbereitschaft zu steigern (Brezinka & Walz 2005).
Ein Beispiel für ein solches Projekt ist »*Glucoboy*«: Es handelt sich um ein Glukosemessgerät, das auf einen Ninento-Gameboy aufgesteckt wird (siehe Abbildung 1). Gute Blutzuckerwerte werden damit belohnt, dass zusätzliche Spiele auf den Gameboy geladen werden. Glucoboy soll Diabetes-Kindern dabei helfen, ihren Blutzuckerspiegel regelmäßig zu messen und zu kontrollieren, wobei gute Mess-

werte im Sinne einer verhaltenstherapeutischen Verstärkung durch Zusatzspiele belohnt werden.

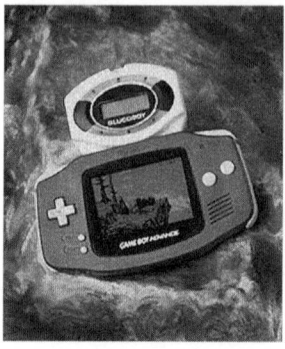

Abbildung 1. Nintendo Gameboy mit aufgestecktem Glucoboy (Quelle: www.diabetesincontrol.com/issue173/np.shtml)

5. Handheld

Handhelds sind im Unterschied zum Alltagsmedium Handy bislang in viel stärkerem Maße ein Business-Medium. Bei einem klinisch-psychologischen Einsatz müssen also die Klienten oder Patienten in der Regel erst mit einem Endgerät ausgestattet werden. Dafür bietet ein Handheld- bzw. Taschencomputer durch höhere Rechnerleistung und größeres Display auch breitere Anwendungsmöglichkeiten als ein Handy.

5.1 Handheld-Diagnose

Ähnlich wie Handys (siehe Abschnitt 3.1) lassen sich auch Handhelds zur Diagnose einsetzen. Subjektive Selbstauskünfte werden dabei über digitale Fragebögen oder Tagebücher erhoben (z.B. Kimmel 1999). Teilweise wird daran eine Messung psychophysiologischer Parameter gekoppelt. Auf diese Weise können auch umfangreichere Datenerhebungen »im Feld« stattfinden.
Die Deutsche Gesellschaft für Bipolare Störungen DGBS e.V. fördert mit ihrer Arbeitsgruppe »Neue Medien« das Projekt Lifechart (www.lifechart.de). Im Rahmen des Projektes wird ein Tagebuch-Instrument für PC und Handheld bereitgestellt, mit dem die Patienten binnen weniger Minuten ihren Tagesablauf, Schlafdauer, Medikamente, Depressions- und Maniesymptome usw. registrieren

(siehe Abbildung 2). Eine solche langfristige und detaillierte Dokumentation erlaubt es Patienten und behandelnden Ärzten bzw. Therapeuten, den Stimmungsverlauf im Alltag besser zu verstehen und mögliche Auslöser oder Früherkennungsmerkmale von Krankheitsphasen zu erkennen. Die per PC oder PDA aufgezeichneten Daten werden in regelmäßigen Abständen anonymisiert auf einen Server gespielt, grafisch aufbereitet, zurückgemeldet, sowie für Therapie – aber auch Forschung – bereitgestellt. Patienten, die nicht über einen eigenen Handheld verfügen, wird ein Leihgerät zur Verfügung gestellt. Die gründliche und langfristige Diagnose mit Hilfe der Selbstauskunftsdaten im standardisierten Tagebuch mag gleichzeitig auch einen Interventionseffekt haben: Ein regelmäßiger Aktivitätsrhythmus im Tagesverlauf wirkt sich stabilisierend aus und wird im Zuge der täglichen Bearbeitung des strukturierten Tagebuches gefördert. Die Handheld-Diagnose ist wiederum nicht als Ersatz, sondern als Ergänzung anderer Diagnoseformen (z. B. Gespräche mit Patienten und Angehörigen) zu sehen.

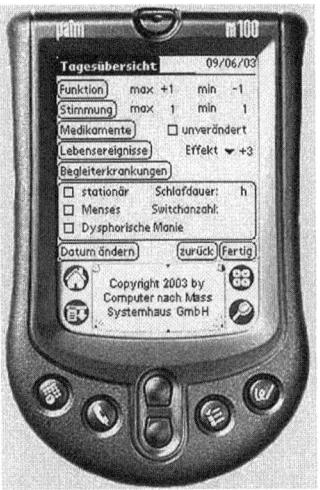

Abbildung 2. Handheld-Programm des Lifechart-Projektes für die Behandlung bipolarer Störungen (Quelle: www.lifechart.de)

5.2 Handheld-Rehabilitation

Für Patienten, die unter Gedächtnis- und Orientierungsstörungen leiden, stehen eine Reihe von Rehabilitations-Handhelds zur Verfügung, die an Aufgaben oder Termine erinnern, durch Fotos die Zuordnung von Personen zu Namen unterstützen, durch Checklisten Tagesabläufe strukturieren usw. (siehe z. B. Mohr,

Kraeber & Jochum 1999; Hart, Buchhofer & Vaccaro 2004; Schulze 2004). Das System MEMOS (Mobile Extensible Memory & Orientation System; www.memos-online.de) läuft auf einem Handheld, der als externes Gedächtnis und Orientierungshilfe des Patienten fungiert. Das Gerät des Patienten tauscht drahtlos Informationen mit einer so genannten Betreuungsstation aus. Dabei handelt es sich um einen Desktop-Computer, über den Psychotherapeuten, Ärzte, Pflegepersonal usw. in der Tagesklinik dem Patienten Termine und Abläufe mitteilen können. Erhält der Patient beispielsweise einen akustischen Hinweisreiz und dazu textuelle Handlungsanweisungen, wie er sich auf einen Termin vorzubereiten oder am gemeinsamen Abendessen teilzunehmen hat, so wird von ihm gleichzeitig eine Bestätigung gefordert, die an die Betreuungsstation zurückgemeldet wird. Das Mobilmedium hilft dem Patienten, sich selbständiger zu organisieren und reduziert den Betreuungsaufwand, der in einer Klinik z.B. allein dadurch entsteht, dass man Patienten zuerst suchen muss, bevor man sie für bestimmte Handlungsabläufe instruiert.

Evaluationsstudien zeigen, dass Patienten nach einer Schulung Rehabilitations- und Assistenz-Handhelds erfolgreich handhaben können. Ein gängiger Handheld wird durch entsprechende Software zu einer Rehabilitations-Hilfe bzw. assistiven Technologie, die Menschen mit temporären oder dauerhaften Beeinträchtigungen unterstützt. Erfolge bei der Rehabilitation sind im Rahmen einer Einzelfallstudie auch für die PDA-Nutzung bei jugendlichem Asperger Syndrom belegt (Ferguson, Myles & Hagiwara 2005). Durch die Möglichkeit der digitalen Sprachausgabe können Handhelds zur Kommunikationsunterstützung auch von Personen mit Sprachstörungen genutzt werden (Van-de-Sandt-Koendermann, Wiegers & Hardy 2005).

5.3 Handheld-Therapie

Therapiekonzepte mit dem Handheld sind vorwiegend verhaltenstherapeutisch orientiert und in der Regel als Ergänzung einer Face-to-Face-Therapie gedacht, insbesondere um den Transfer des Gelernten auf den Alltag sowie die Durchführung von therapeutischen Hausaufgaben zu fördern. Patienten mit einer Panikstörung nahmen an therapeutischen Sitzungen teil und wurden ergänzend mit einem Handheld-Computer ausgestattet, der die Atmungsaktivität messen und durch entsprechende Lautsignale zum richtigen Atmen anleiten konnte. Zudem wurden die Messdaten gespeichert, an einen zentralen Computer des Behandlungsteams übertragen, analysiert und grafisch aufbereitet. Die Patienten bewerteten die mobilmediengestützte Intervention sehr positiv und zeigten Symtomverbesserungen (Meuret, Wilhelm & Roth 2001).

Patienten mit einer sozialen Phobie nahmen an einer Gruppentherapie teil, in der sie Entspannungstechniken sowie Techniken der kognitiven Angstbewältigung erlernten. Zwischen den Gruppensitzungen arbeiteten sie mit einem Handheld-Computer, auf dem sie Angstsymptome und situative Auslöser protokollierten. Das System antwortete auf geringe Angstausprägungen mit positivem Feedback und bot zudem Übungs-Module für die in den Gruppensituationen vorgestellten Techniken (für eine detaillierte Darstellung des Programms sowie eine Fallstudie siehe Przeworski & Newman 2004). Die unterschiedlichen Module waren dabei in ein Phasenmodell eingeordnet und auf den Verlauf der Gruppensitzungen abgestimmt. Auch für Essstörungen existieren Behandlungs-Module für den Palmtop, wobei Module am Anfang der Therapie zunächst die Veränderungsmotivation unterstützen sollen und Module am Ende der Therapie der Rückfallvorbeugung dienen (Norton et al. 2003).

Im Unterschied zu therapeutischen Programmen auf stationären Computern, deren Module teilweise ein bis zwei Stunden Bearbeitungszeit umfassen (siehe z.B. die Beschreibung eines entsprechenden Programms zur Intervention bei problematischem Trinkverhalten, Squires & Hester 2004), müssen Module für Mobilmedien kürzer gehalten werden. Dadurch, dass Mobilmedien zeit- und ortsunabhängig ständig verfügbar sind, können sie einerseits durch Alarmfunktionen Zeitpunkte für die Beschäftigung mit dem Programm vorgeben und den Tag strukturieren. Andererseits können die Patienten in Abhängigkeit von der aktuellen Situation (z.B. angst-, zwang-, schmerz-, depressions- oder suchtauslösende Stimuli) spontan auf das Gerät zugreifen. Schließlich scheinen Hausaufgaben durch interaktive mediale Anleitung und Dokumentation die Patienten besser zu motivieren, sofern sie – und die Therapeuten – der Technologie aufgeschlossen gegenüber stehen.

6. Notebook

Auf einem Notebook können sämtliche klinisch-psychologischen Anwendungen genutzt werden, die für Desktop-Computer zur Verfügung stehen. Zudem ist über W-LAN-Anbindung ein ortsflexibler Internet-Zugang möglich. Indem Klienten, Patienten und Therapeuten Notebooks nutzen, können sie orts- und zeitflexibler computer- und internetgestützt arbeiten. Leider liegen bislang keine Studien vor, die den Notebook-Einsatz im klinisch-psychologischen Bereich beschreiben und konzeptuell weiterentwickeln, wie das bislang für den Notebook-Einsatz im Bildungskontext geschehen ist (vgl. Kerres et al. 2004). Da auf dem

Notebook dieselben therapeutischen Computerprogramme und Online-Dienste (siehe zum Überblick z.B. Bobicz & Richard 2003; Newman 2004) genutzt werden wie am stationären Computer, erscheint der Notebook-Einsatz auf den ersten Blick nicht als spektakuläre Innovation. Doch gerade die subtile und nachhaltige Integration der Mobilmedien in den Alltag ist besonders relevant für unser Verhalten und Erleben, so dass hier ein Forschungsdesiderat zu verzeichnen ist.

7. Roboterassistent

Im klinisch-psychologischen Bereich sind Softbots bislang weiter verbreitet als Hardbots. Der Bereich der Hardbots, also der materialen Roboter, wird jedoch als großer Wachstumsmarkt gesehen. Im Unterschied zu den bisher behandelten Endgeräten, die vom Nutzer getragen werden, entfalten mobile Roboter echte Eigenmobilität, sofern die Umgebungsbedingungen dies zulassen (z.B. ausreichende Beleuchtung für die Kamera, niedrige Türschwellen etc.).

7.1 Softbot-Intervention

Ein Vorläufer der heutigen Softbots ist das Programm *ELIZA* (Weizenbaum 1966). ELIZA reagiert auf Texteingaben mit Textantworten, die sich am Stil der Gesprächspsychotherapie orientieren. Die Kommunikation mit ELIZA kann durch deren Kommentare und Fragen die Selbstreflexion unterstützen. Im Unterschied zu ELIZA, die nur über ein Textfenster am Bildschirm erscheint, treten uns die heutigen Softbots am Bildschirm als zwei- oder dreidimensional dargestellte und bewegliche Gestalten gegenüber, die auf Texteingaben auch mit Sprachausgabe reagieren können und dadurch wesentlich lebendiger und präsenter wirken. Sie werden wegen der Gesprächsfunktion auch als *Chatbots* bezeichnet. Weit entwickelt ist z.B. der intelligente Chatbot ALICE (www.alicebot.org). Softbots können genutzt werden, um psychoedukative und psychotherapeutische Interventionen motivierender und interaktiver zu transportieren als z.B. entsprechende Selbsthilfebücher. Indem Softbots durch ihre Mimik und Gestik – vor allem durch ihre Stimme – Emotionalität ausdrücken, kann sich sogar eine *para-soziale Bindung* zu ihnen entwickeln, das heißt sie werden als *soziale Akteure* angesehen und behandelt, obwohl den Nutzern bewusst ist, dass sie es nicht mit einem Lebewesen sondern einem Artefakt zu tun haben (zur Behandlung von Artefakten als soziale Akteure siehe ausführlich Reeves & Nass 1996).

Softbots, die über besondere emotionale Ausdrucksfähigkeiten verfügen und dementsprechend vielschichtige para-soziale Beziehungsangebote machen, werden auch als *Relational Agents* etikettiert. Ein Beispiel für ein solches Programm ist LAURA *(siehe Abbildung 3)*. Dieser virtuelle Roboterassistent soll Nutzer dabei unterstützen, sich angemessen sportlich zu betätigen und gesund zu ernähren. In den Konversationen mit der Nutzerin oder dem Nutzer drückt LAURA verbal und nonverbal Anteilnahme, Lob und Ermutigung aus. Es zeigte sich in empirischen Studien, dass die Nutzer von der virtuellen Assistentin profitieren: Sie arbeiteten intensiver, mit mehr Freude und größeren Erfolgen mit dem Programm als eine Kontrollgruppe, der dasselbe Programm ohne die Assistentin zur Verfügung stand (siehe Bickmore 2003; Bickmore & Picard 2005).

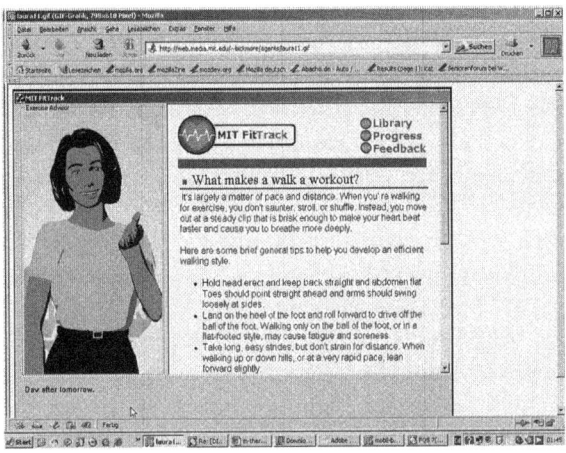

Abbildung 3. Softbot LAURA unterstützt bei Diät und Sport (Quelle: http://web.media.mit.edu/~bickmore/agents/)

Die Mobilität von virtuell verkörperten Softbots beschränkt sich auf Bewegungen auf dem Bildschirm. Mittels Notebook oder Handheld können therapeutische Softbots als ortsflexible Begleiter eingesetzt werden. Dabei sind die therapeutischen Softbots selbstverständlich nicht als Ersatz, sondern als Ergänzung menschlicher Psychotherapeutinnen und -therapeuten zu verstehen.

7.2 Hardbot-Intervention

Noch größere soziale Präsenz erlangen Roboterassistenten, wenn sie nicht nur auf dem Bildschirm erscheinen, sondern auch physisch als Hardbots greifbar

Nicola Döring & Christiane Eichenberg

sind. Auf dem Markt verfügbar sind heute bereits zahlreiche *Unterhaltungs- oder Spielzeugroboter*, die in unterschiedlichem Maße mit künstlicher Intelligenz versehen sind: Beispiele sind die Roboterpuppe Amanda (Judy Shackelford), der Roboterkämpfer RoboSapien (WooWee), der Furby (Hasbro) oder die Roboterhunde i-Cybie (Tiger Electronics) und AIBO (Sony). Sie alle sind darauf ausgerichtet, dass Menschen eine Beziehung zu ihnen aufbauen und den Umgang mit dem Roboter emotional positiv erleben, weshalb auch von »Sociable Robots«, »Relational Robots« oder »Emotional Robots« gesprochen wird. Der Einsatz dieser Unterhaltungsroboter für ernsthafte pädagogische oder klinisch-psychologische Zwecke wird aktuell erst erkundet (Brooks et al. 2004).

So soll der Roboterhund AIBO übergewichtigen Menschen bei der Gewichtskontrolle helfen (Kidd & Breazeal 2006). Seine erste Aufgabe besteht dabei darin, eine regelmäßige und zuverlässige Erfassung therapierelevanter Daten sicherzustellen. Dem AIBO werden Messwerte der digitalen Personenwaage im Badezimmer sowie der Schrittzähler in den Schuhen über W-PAN und W-LAN ebenso zugespielt wie die Daten aus dem Ernährungs- und Sporttagebuch, das auf einem Handheld geführt wird. Der AIBO als Schnittstelle und »Gesicht« des Systems soll über längere Zeit zur Mitarbeit motivieren und zudem im Rahmen von Spielaktivitäten einen therapeutischen Effekt erzielen: Der AIBO holt beim Spielen z. B. einen geworfenen Knochen oder schießt einen Ball und reagiert emotional in einer Lautsprache. Das Therapiekonzept sieht vor, dass die Teilnehmer/innen täglich mit dem AIBO spielen. Dabei reagiert der AIBO unterschiedlich in Abhängigkeit von den erhobenen Messergebnissen: Sportliche Aktivitäten und gesunde Ernährung des Probanden spiegeln sich in vitalem und freudigem Verhalten des Roboterhundes, während Passivität und übermäßige Nahrungsaufnahme auf Seiten des Probanden den Roboterhund träge und traurig reagieren lassen. Auf diese Weise sollen – ergänzend zu den rationalen Argumenten für eine Verhaltensänderung – die Konsequenzen des eigenen Verhaltens auch emotional spürbar werden. Auf der Basis der ermutigenden Ergebnisse mit dem Diät-Softbot LAURA scheint das Projekt mit dem Roboterhund viel versprechend – kontrollierte klinische Studien stehen jedoch bislang noch aus.

Gute Ergebnisse wurden mit mobilen interaktiven Robotern bei der Behandlung autistischer Kinder erzielt. Der Roboter ist durch seine Eigenaktivität besser in der Lage, Aufmerksamkeit auf sich zu ziehen als unbelebte Spielzeuge. Gleichzeitig überfordert der interaktive Roboter gerade durch seine reduzierten und schematischen Verhaltensweisen ein autistisches Kind weniger und kann somit eher Lernprozesse anregen. Die Interaktion zwischen Kind und Roboter kann diagnostisch und therapeutisch genutzt werden, etwa indem die Häufigkeit und Dauer der Zuwendung des Blickes gemessen und gesteigert wird. Zudem kann der Roboter als Medium zwischen Kind und menschlichem Therapeuten fungieren, wenn beide sich mit dem Roboter befassen. Vorliegende Beobachtungsstudien im Rahmen des AURORA-Projektes (AUtonomous RObotic platform as a Remedial tool for children with Autism) an der Universität Hertfortshire deuten auf entwicklungsbegünstigende Effekte der Roboter-Therapie hin (vgl. Dautenhahn & Werry 2004; Robins et al. in press)

Abbildung 4. Autismus-Roboter (links) und Nursebot (rechts) (Quellen: www.aurora-project.com und www.cs.cmu.edu/~nursebot/)

Die größte Zielgruppe für Roboterassistenten wird laut aktueller Prognosen zukünftig die ältere Generation sein. Alters- und krankheitsbedingte körperliche und geistige Einschränkungen können mit Hilfe eines Roboterassistenten potenziell kompensiert werden und somit ein selbständiges Leben ermöglichen (z. B. Hilfe beim Hantieren mit schweren Gegenständen, Überwachung von Gefahrenquellen im Haushalt wie z. B. dem Herd, Erinnerung an Medikamenteneinnahme, soziale Ansprache, Lern- und Unterhaltungsspiele usw.). Zudem kann ein humanoider Roboterassistent auch psychologisch unterstützend wirken, durch para-soziale Interaktionsangebote, die nicht den zwischenmenschlichen Kontakt verdrängen, sondern vielmehr den strukturell fehlenden Kontakt kompensieren. So hat die Robotik-Arbeitsgruppe an der Carnegie Mellon University (www.peopleandrobots.org) einen so genannten *Nursebot* entwickelt, der im Seniorenheim die Patienten z. B. zur Physiotherapie oder in ihre Wohnräume begleitet, über die Uhrzeit und das Wetter informiert. Er kommuniziert über einen Bildschirm sowie über Sprachausgabe.

Nicola Döring & Christiane Eichenberg

8. Chancen und Grenzen der M-Therapy

Verallgemeinernd lassen sich vier zentrale Vorzüge von Mobilmedien im klinisch-psychologischen Interventionsbereich benennen (vgl. Norton et al. 2003), die jedoch mit gewissen Risiken einhergehen. Teils gilt es, die Grenzen der »M-Therapie« genauer zu erforschen und anzuerkennen (sie ist nicht für alle Störungen, Patienten, Therapeuten usw. geeignet). Teils gilt es aber auch, mögliche Risiken genauer zu erkunden und ihnen entgegenzuwirken, um von den Vorteilen zu profitieren.

Anreizeffekt und spezifische Leistungen von Mobilmedien
Durch digitale Medialität, Interaktivität, Verkörperung (bei Robotern) usw. haben Mobilmedien für viele Menschen (insbesondere für Jüngere, die unter den Bedingungen der Mediengesellschaft sozialisiert wurden) einen größeren Anreiz- und Motivationscharakter als z. B. Selbsthilfematerialien in Papierform. Zudem bieten Spielkonsolen und Roboter zusätzliche Leistungen (z. B. hoher Unterhaltungswert, Übernahme von physischen Aufgaben).

Grenzen: Bestimmte Personengruppen stehen der modernen Medientechnik gleichgültig oder sogar ablehnend und ängstlich gegenüber. Durch entsprechende Schulungen können derartige Barrieren aber teilweise abgebaut werden. Voraussetzung ist dabei die Technik- und Medienkompetenz der Therapeuten. Zudem ist dafür zu sorgen, dass nur ausgereifte Systeme eingesetzt und technischer Support zur Verfügung gestellt werden, da Bedienungsprobleme oder Systemfehler rasch Vertrauen und Motivation reduzieren würden.

Alltagsnahe und nachhaltige Diagnostik und Therapiedokumentation
Mobilmedien sind orts- und zeitunabhängig verfügbar, so dass sich diagnostische Daten mit hoher Dichte im Feld erheben lassen (ökologische Validität). Die erhobenen Daten können im Gerät gespeichert und analysiert sowie an einen Server übertragen werden. Dies erlaubt eine effiziente und nachhaltige Datenverwaltung. Datenqualität sowie Compliance können bei computerunterstützter Therapie automatisch gemessen und an den Therapeuten zurückgemeldet werden (z. B. Zeitpunkt und Zeitdauer der Bearbeitung von Therapie-Modulen, Regelmäßigkeit der Erfassung und Übertragung von Diagnose-Daten).
Grenzen: Reaktanzphänomene durch starke Überwachung sind möglich. Zudem gilt: Je mehr Patientendaten gesammelt, übertragen und verwaltet werden, umso virulenter wird zuverlässiger Datenschutz. Dies betrifft die Handhabung des Endgerätes beim Patienten (z. B. Passwortschutz, kein Ausleihen an Dritte), die

drahtlose Datenübertragung (z.B. Nutzung von Verschlüsselung) sowie die Datenverwaltung auf dem Server der Therapeuten.

Ausdehnung der therapeutischen Unterstützung über die Therapiestunde bzw. den Klinikaufenthalt hinaus in den Alltag
Durch Mobilmedien wird – im Rahmen therapeutischer Vereinbarungen – ein flexibler Kontakt zum Therapeuten – sowie in Selbsthilfe-Kontexten auch zu anderen Betroffenen – möglich. Zudem können durch Therapie-Module sowie an das Gerät angeschlossene Messgeräte Übungen im Alltag besser strukturiert und unterstützt werden.

Grenzen: Gefahren der Medienabhängigkeit sowie der dysfunktionalen Entgrenzung von Patient-Therapeut-Kontakten sind genauer zu untersuchen. Hinsichtlich der therapeutischen Ansätze scheint Mobilmedienunterstützung vor allem mit kognitiver Verhaltenstherapie kompatibel zu sein, die mögliche Erweiterung auf psychodynamische Ansätze wäre zu prüfen.

Therapie- und Kosteneffizienz
Wenn Mobilmedien in dem Sinne eingesetzt werden, dass Motivation gesteigert, Diagnosen verbessert und Veränderungen im Alltag stärker unterstützt werden, sollte eine effizientere Therapie resultieren, die mit weniger Präsenzsitzungen auskommt und somit Kosten einspart. In Abhängigkeit vom Mobilmedium liegen die anteiligen und langfristigen Kosten für Geräteanschaffung und mobile Datenübertragung in der Regel unter den Kosten für therapeutische Präsenzsitzungen (Przeworski & Newman 2004, S. 184). Für ein Handheld-Programm zur Gewichtsreduktion wurde beispielsweise nachgewiesen, dass durch Mobilmedienunterstützung mit weniger Face-to-Face-Sitzungen (und somit kostengünstiger) dieselben Erfolge erzielt wurden wie durch eine herkömmliche Face-to-Face-Therapie (Agras et al. 1990). Durch kostengünstige Minimalintervention über Handy-Kurzmitteilungen können Versorgungslücken (z.B. zwischen Klinikaufenthalt und ambulanter Therapie) überbrückt werden.

Grenzen: Für abschließende und störungs- sowie therapiespezifische Effizienzbewertungen sind weitere Studien (insbesondere auch Langzeitstudien notwendig), um der Gefahr zu begegnen, dass es durch vorschnelle Umstellung auf mediale Interventionsformen zu Qualitätseinbußen kommt. Bei sehr seltenen Störungsbildern sowie anspruchsvollen Roboter-Technologien sind die spezifischen medialen Vorzüge in der Regel durch sehr viel höhere Entwicklungs- und Gerätekosten zu erkaufen.

Nicola Döring & Christiane Eichenberg

9. Ausblick

Der Einsatz von digitalen Informations- und Kommunikationstechnologien im Sozial- und Gesundheitswesen wird zunehmend selbstverständlicher und ist mit Schlagworten wie »Sozialinformatik«, »Medizininformatik« oder »Telemedizin« belegt. Der klinisch-psychologische Bereich ist dabei eingeschlossen (Newman 2004). Neben den stationären Computern gewinnen Mobilmedien wie Handy oder Handheld dabei in jüngster Zeit stark an Bedeutung. Bereits jetzt existieren Pilotprojekte mit Mobilmedien im gesamten Spektrum klinisch-psychologischer Interventionen. In Zukunft gilt es, diese neuen Möglichkeiten der »M-Therapy« – als Ergänzung und Erweiterung der »E-Therapy« sowie der herkömmlichen Face-to-Face-Therapie – wissenschaftlich und praktisch weiterzuentwickeln, zu evaluieren und zu veralltäglichen. Neben einem Nutzen für die Intervention können Mobilmedien auch im Bereich der Organisation, Verwaltung und Ausbildung im klinischen Bereich eingesetzt werden (z. B. Unterstützung von Projektmanagement, Teamarbeit, Controlling, selbstorganisiertem Lernen etc.). Eine weitere Herausforderung besteht darin, dysfunktionale und pathogene Muster der Mobilmediennutzung im Alltag zu diagnostizieren und zu behandeln. Die Auseinandersetzung mit Mobilmedien ist für die klinisch-psychologische Forschung und Praxis somit in Zukunft ein relevantes und fruchtbares Arbeitsfeld, das auch innovative und heute teilweise noch exotisch wirkende Technologien – wie mobile Roboter – einschließt.

Literatur

Aebischer-Crettol, M. (2003): SMS-Beratung. In: Etzersdorfer, E.; Fiedler, G. & Witte, M. (Hg.): Neue Medien und Suizidalität.Gefahren und Interventionsmöglichkeiten. Göttingen (Vandenhoeck & Ruprecht), S. 101-111.

Agras, W. S.; Taylor, C. B. Feldhan, D.E.; Losch, M. & Burnett, K.F. (1990): Developing computer-assisted therapy for the treatment of obesity. Behavior Therapy 21, 99-109.

Bastine, R. (Hg.) (1992): Klinische Psychologie Band 2. Stuttgart (Kohlhammer).

Bauer, S.; Haug, S.; Arikan, L.; Arikan, M; & Kordy, H. (2004): Der Einsatz des Short Message Service in der Prävention und Behandlung von Adipositas im Grundschulalter. [Online-Dokument]. URL: http://www.psyres-stuttgart.de/index.php/article/articleview/109/1/17/

Bauer, S.; Percevic, R.; Okon, E.; Meermann, R. & Kordy, H. (2003): Use of text messaging in the aftercare of patients with bulimia nervosa. European Eating

Disorders Review 11(3), 279-290.
Bickmore, T. (2003): Relational agents: Effecting change through human-computer relationships. MIT Ph.D. Thesis. [Online-Dokument]. URL: http://web.media.mit.edu/~bickmore/agents/
Bickmore, T.; Picard, R. (2005): Establishing and maintaining long-term human-computer relationships. ACM Transactions on Computer-Human Interaction (TOCHI) 12(2), 293-327.
Bobicz, K.P.; Richard, D.C.S. (2003): The virtual therapist: Behavior therapy in a digital age. The Behavior Therapist, Spring 2003, 265-270.
Brezinka, V.; Walz, S. (2005): Computerspiele in der Psychotherapie von Kindern und Jugendlichen – den Teufel mit dem Beelzebub austreiben? Vortrag auf der 4. Tagung der Fachgruppe Medienpsychologie, 7.-9.9.2005 an der Universität Erfurt.
Brooks, A.; Gray, J.; Hoffman, G.; Lockerd, A.; Lee, H. & Breazeal, C. (2004): Robot's play: Interactive games with sociable machines. Computers in Entertainment 2(3), 1-17.
Burak, A.; Sharon, T. (2004): Usage patterns of FriendZone: Mobile location-based community services. Proceedings of the 3rd International Conference on Mobile and Ubiquitous Multimedia, 93-100.
Dautenhahn, K.; Werry, I. (2004): Towards interactive robots in autism therapy: Background, motivation and challenges. Pragmatics and Cognition 12(1), 1-35.
Döring, N. (2005): Psychologische Aspekte der Mobilkommunikation. In: Höflich, J.; Gebhardt, J. (Hg.): Mobile Kommunikation – Perspektiven und Forschungsfelder. Berlin (Peter Lang Verlag), S. 61-88.
Eytan, A.; Borras, L. (2005): Stalking through SMS: A new tool for an old behaviour? Australian and New Zealand Journal of Psychiatry 39(3), 204.
Ferguson, H.; Myles, B.S. & Hagiwara, T. (2005): Using a personal digital assistant to enhance the independence of an adolescent with Asperger syndrome. Education and Training in Developmental Disabilities 40(1), 60-67.
Flynn, T.M.; Taylor, P. & Pollard, C.A. (1992): Use of mobile phones in the behavioral treatment of driving phobias. Journal of Behavior Therapy and Experimental Psychiatry 23(4), 299-302.
Hart, T.; Buchhofer, R. & Vaccaro, M. (2004): Portable electronic devices as memory and organizational aids after traumatic brain injury: A consumer survey study. Journal of Head Trauma Rehabilitation 19(5), 351-365.
Henningsen, P.; Priebe, S. (2003): New environmental illnesses: What are their charactericstics? Psychotherapy and Psychosomatics 72(5), 231-234.
Johnston, J.M.; Leung, G.M; Tin, K.Y.K.; Ho, L.-M.; Lam, W. & Fielding, R. (2004): Evaluation of a handheld clinical decision support tool for evidence-

based learning and practice in medical undergraduates. Medical Education 38(6), 628-637.
Kerres, M.; Kalz, M.; Stratmann, J. & de Witt, C. (Hg.) (2004): Didaktik der Notebook-Universität. Münster (Waxmann).
Kidd, C.; Breazeal, C. (2006). Designing a sociable robot system for weight maintenance. Submitted to IEEE Consumer Communications and Networking Conference (IEEE CCNC 2006) Las Vegas, NV, USA, 7-10 January 2006. [Online-Dokument]. URL: http://web.media.mit.edu/~coryk/papers/Kidd_CCNC.pdf
Kimmel, M.H.-W. (1999): Über die Entwicklung eines digitalen Tagebuchs für die Diagnostik der Generalisierten Angst. Begründung, Herstellung und empirische Überprüfung eines universellen Programms für den PSION Serie 3a. Neuried (Ars Una).
Leena, K.; Tomi, L. & Arja, R. (2005): Intensity of mobile phone use and health compromising behaviours – How is information and communication technology connected to health-related lifestyle in adolescence? Journal of Adolescence 28(1), 35-47.
Meuret, A.; Wilhelm, F. & Roth, W. (2001): Respiratory biofeedback-assisted therapy in panic disorder. Behavior Modification 25, 584-605.
Mohr, G.; Kraeber, A. & Jochum, I. (1999): Die Effekte externer Speichermedien auf die Orientierung amnestischer Patienten: eine Einzelfallstudie. Neurologie & Rehabilitation 5(5), 280-284.
Newman, M.G. (2004): Technology in psychotherapy: An introduction. Journal of Clinical Psychology 60(2), 141-145.
Norton, M.; Wonderlich, S.; Myers, T.; Mitchell, J. & Crosby, R. (2003): The use of Palmtop computers in the treatment of Bulimia Nervosa. European Eating Disorder Review 11(3), 231-242.
Ott, R.; Eichenberg, Ch. (Hg.) (2003): Klinische Psychologie und Internet. Potenziale für klinische Praxis, Intervention, Psychotherapie und Forschung. Göttingen (Hogrefe).
Palermo, T.M.; Valenzuela, D. & Stork, P.P. (2004): A randomized trial of electronic versus paper pain diaries in children: impact on compliance, accuracy, and acceptability. Pain 107(3), 213-219.
Park, W.K. (2005): Mobile phone addiction. In: Ling, R.; Pedersen, P. (Hg.): Mobile communications: Re-negotiation of the social sphere. Surrey, UK (Springer).
Percevic, R.; Kordy, H. (2003): Web-AKQUASI. [Online-Dokument]. URL: http://www.psyres-stuttgart.de/index.php/article/articleview/62/1/9/
Pfeiffer, Ch. (2003): Medienverwahrlosung als Ursache von Schulversagen und Jugenddelinquenz? [Online-Dokument] http://www.kfn.de/medienverwahrlosung.pdf
Przeworski, A.; Newman, M.G. (2004): Palmtop computer-assisted group therapy for social phobia. J Clin Psychol. 60(2), 179-188.

Reeves, B.; Nass, C. (1996): The media equation: How people treat computers, television, and new media like real people and places. Cambridge, UK (Cambridge University Press).

Reischl, G.; Sundt, H. (1999): Die mobile Revolution. Das Handy der Zukunft und die drahtlose Informationsgesellschaft. Wien (Ueberreuter).

Robins, B.; Dautenhahn, K.; te Boekhorst, R. & Billard, A. (in press): Robotic assistants in therapy and education of children with autism: Can a small humanoid robot help encourage social interaction skills? Special issue »Design for a more inclusive world« of the international journal Universal Access in the Information Society (UAIS). New York (Springer).

Schubert, T.; Regenbrecht, H. (2002): Wer hat Angst vor virtueller Realität? Angst, Therapie und Präsenz in virtuellen Welten. In: Bente, G.; Krämer, N. & Petersen, A. (Hg.): Virtuelle Realitäten. Göttingen (Hogrefe), S. 255-274.

Schulze, H. (2004); MEMOS: A Mobile Extensible Memory Aid System. Telemedicine Journal and e-Health 10(2), 233-242.

Sorgentelefon für Kinder (2001): Jahresbericht 2001 Sorgentelefon für Kinder. [Online-Dokument] http://www.sorgentelefon.ch/Jahresberichte/JB2001.pdf

Spitczok von Brisinski, I.; Latzko, G. & Goldbeck, L. (1993): Computerunterstützte Therapie in der Kinder- und Jugendpsychiatrie. In: Tretter, F.; Goldhorn, F. (Hg.): Computer in der Psychiatrie. Kröning (Asanger), S. 177-190.

Squires, D.D.; Hester, R.K. (2004): Using technical innovations in clinical practice: The drinker's check-up software program. JCLP 60(2), 159-169.

Statistisches Bundesamt (2003): Ausstattung privater Haushalte mit Informations- und Kommunikationstechnik. Ergebnis der Einkommens- und Verbrauchsstichprobe 1998 und 2003. [Online-Dokument] http://www.destatis.de/basis/d/evs/budtab6.htm

Van-De-Sandt-Koenderman, M.; Wiegers, J. & Hardy, P. (2005): A computerised communication aid for people with aphasia. Disability and Rehabilitation: An International Multidisciplinary Journal 27(9), 529-533.

Weizenbaum, J. (1966): ELIZA – A computer program for the study of natural language communication between man and machine. Communications of the Association for Computing Machinery 9, 36-45.

Anzeige

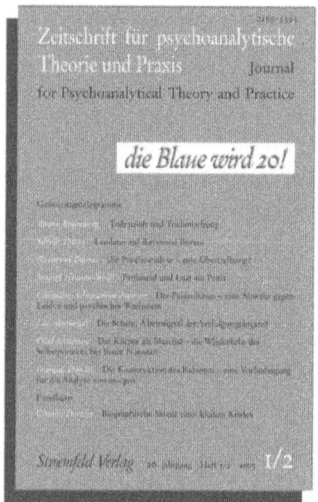

Zeitschrift für psychoanalytische Theorie und Praxis Journal

for Psychoanalytical Theory and Practice

hrsg. von Erika Kittler, Betty Raguse und
Bettina Reiter (verantwortlich)

»Wer sich ein Bild davon machen will, wie kontrovers Übertragung und Affekte von der Psychoanalytischen Community diskutiert werden, sehe sich die Zeitschrift für psychoanalytische Theorie und Praxis an.«
Frankfurter Rundschau

im Jahres-Abonnement (4 Hefte) € 78, CHF 132
Einzelpreis: Sfr. 49,80/€ 28
Doppelheft: Sfr. 99,60/€ 56
Fordern Sie bitte ein Probeheft an!

»WestEnd« soll der Sozialforschung neue Impulse geben

»WestEnd« heißt die neue Zeitschrift des Instituts für Sozialforschung (IfS) ... Der Vorgänger, die »Zeitschrift für Sozialforschung«, war das legendäre Hausorgan des Instituts für Sozialforschung zu Zeiten von Max Horkheimer, Friedrich Pollock und Theodor W. Adorno... Demzufolge ist *Westend* – der Name spielt auch auf den Sitz des IfS an der Senckenberganlage an – nicht neu, sondern eher die Wiederbelebung einer alten Idee: Interdisziplinarität. Die Zeitschrift soll der fachübergreifenden Sozialforschung neue Impulse geben ... Als Leser will die Zeitschrift die intellektuelle Öffentlichkeit gewinnen... *Frankfurter Rundschau*

2 Hefte im Jahr zu je 10 €
im Abonnement je Heft 8 €
Fordern Sie bitte ein Probeheft an!

Stroemfeld

D-60322 Frankfurt am Main, Holzhausenstraße 4
Fax: 069-95 52 26-24   info@stroemfeld.de   www.stroemfeld.com

Delinquenz aus Sicht von Eltern und Kindern – Herausforderungen und Chancen der Triangulation subjektiver Perspektiven

Peter Rieker

Zusammenfassung
Die Einbeziehung verschiedener subjektiver Perspektiven ist für die Forschung mit zusätzlichen Informationen, aber auch mit einem Komplexitätszuwachs verbunden. Verschiedene Perspektiven können durch Triangulation zueinander in Bezug gesetzt werden, wobei zwischen unterschiedlichen Bezugskontexten differenziert werden kann. Im vorliegenden Beitrag werden in Hinblick auf Delinquenz bei Kindern Eltern- und Kinder-Perspektiven sowohl generationen- als auch fallbezogen miteinander kombiniert. Auf diese Weise kann die familiale Bearbeitung kindlicher Delinquenz, die für die weitere Entwicklung abweichenden Verhaltens bedeutsam ist, klarer herausgearbeitet werden. Generationenspezifische Differenzen zeigen sich dabei vor allem hinsichtlich der Gleichaltrigen, die von Eltern vor allem als Anstifter für abweichendes Verhalten wahrgenommen werden, während Kinder ihnen teilweise auch entscheidenden Stellenwert für die produktive Bearbeitung delinquenten Verhaltens zurechnen. Die fallbezogene Betrachtung verdeutlicht innerhalb einiger Familien substanzielle Übereinstimmung, während in anderen Familien gravierende Differenzen festzustellen sind. Unterschiedliche Hintergründe diskrepanter Darstellungen werden herausgearbeitet und hinsichtlich ihres inhaltlichen und methodischen Erkenntnispotenzials diskutiert.

Key words
Delinquenz, Familie, Subjektive Perspektiven, Triangulation

Delinquency from the perspective of parents and children – challenges and chances of triangulation of subjective perspectives

Abstract: The consideration of various subjective perspectives produces richer but also more complex data. Multiple perspectives can be put in relation to each other by triangulation, thereby it is possible to differentiate various relational

Peter Rieker

contexts. This article combines – with respect to delinquency of children – perspectives of parents and children representing typical generational perspectives and subjective perspectives on the level of case-studies. By triangulation the handling of delinquency by families, which is important for the further development of deviant behavior, can be analyzed more clearly. Generational differences become apparent between children's and parents' evaluation of peers: parents regard peers mainly as risk factor for delinquent behavior, in contrast children see them as well as resource for the successful handling of delinquency. According the case-related analysis there are families where perspectives are in accordance with each other while in other cases substantial discrepancies become apparent. Various backgrounds of discrepancies are analyzed and discussed with respect to the handling of delinquency by families and to methodological aspects of the triangulation of perspectives.

Key words
Delinquency, family, subjective perspectives, triangulation

Wenn in der Familien- und Sozialisationsforschung die Perspektiven verschiedener Beteiligter berücksichtigt werden, stellt man immer wieder fest, dass recht Unterschiedliches oder Widersprüchliches berichtet wird oder dass diskrepante Einschätzungen geäußert werden (vgl. Harris 2000: 472f.; McCarthy et al. 2003: 5). Solche Diskrepanzen sind nicht überraschend, schließlich besetzen die einzelnen Familienmitglieder unterschiedliche soziale Positionen, gehören verschiedenen Geschlechtern sowie Altersgruppen an und verfügen über ungleiche Machtpositionen. Vor diesem Hintergrund verfügt jedes Familienmitglied über jeweils eigene Erfahrungshintergründe, Wahrnehmungen und Interessen, die übereinstimmende Einschätzungen und Schilderungen unwahrscheinlich machen (Perlesz/Lindsay 2003: 32). Die Einbeziehung verschiedener Perspektiven ist also nicht nur mit einem Zugewinn an Informationen, sondern auch mit zusätzlicher Komplexität verbunden, was zu verschiedenen Fragen führt. Inhaltlich ist zu klären, welche Sichtweisen festzustellen sind, in welcher Hinsicht sie sich entsprechen oder unterscheiden und mit welchen Bedingungen Übereinstimmungen und Diskrepanzen zusammenhängen. Methodisch ist von Interesse, wie die einzelnen Perspektiven aufeinander bezogen und für den Erkenntnisprozess fruchtbar gemacht werden können.

Um eine Klärung dieser Fragen voranzutreiben, bietet sich das Konzept der Triangulation an. Mit Triangulation wird in den Sozialwissenschaften »die Betrachtung eines Forschungsgegenstandes von (mindestens) zwei Punkten aus bezeichnet«

(Flick 2000: 309). In diesem Zusammenhang werden verschiedene Verfahren diskutiert, mit denen Forschungsbefunde abgesichert werden sollen. Diese Diskussionen drehen sich im Kern um die Frage, ob Triangulation eine sinnvolle Validierungsstrategie darstellt (vgl. Blaikie 1991; Denzin 1978; Denzin/Lincoln 2000; Flick 2000). Die Frage nach den Erkenntnismöglichkeiten einer Triangulation wird in diesem Beitrag in spezifischer Weise zugespitzt: Es geht dabei um Potenziale von Triangulation subjektiver Perspektiven[1], also um eine besondere Form der Datentriangulation, der man bisher nur wenig systematische Aufmerksamkeit gewidmet hat.

Betrachtet man verschiedene Perspektiven unter dem Gesichtspunkt wechselseitiger Validierung, kann Übereinstimmung als Indiz für die Glaubwürdigkeit oder Bestätigung einer Perspektive angesehen werden, während diskrepante Angaben als Hinweis auf fehlende Validität gelten (Perlesz/Lindsay 2003: 33ff.). In der empirischen Sozialforschung meint man mit Validität häufig also die Übereinstimmung dessen, was gemessen wird mit dem, was gemessen werden soll (vgl. Diekmann 2002: 224; Schnell et al. 1999: 148) – angestrebt wird nach diesem Verständnis eine Objektivierung von Forschungsergebnissen. Aus interaktionistischer oder konstruktivistischer Sicht wird bezweifelt, dass die Einbeziehung unterschiedlicher Perspektiven zur Aufklärung »der Wahrheit« beitragen kann bzw. dass geklärt werden kann, wessen Aussagen zutreffender sind (vgl. Flick 2000: 311). Stattdessen wird hier davon ausgegangen, dass soziale Wirklichkeit sich in wechselseitig aufeinander bezogenen Deutungen und Handlungen prozessartig konstituiert. Dies setzt einen Wahrheitsbegriff voraus, der nicht unabhängig von Akteuren ist, sondern gerade in deren Perspektivität verankert ist (vgl. Strübing 2002: 321ff.). Versteht man soziale Wirklichkeit als einen »aus multiplen, miteinander interagierenden Perspektiven konstituierte(n) Prozess« (Strübing 2002: 339), dann kann eine Triangulation subjektiver Perspektiven durch ihr Augenmerk auf die intersubjektive Dimension einen geeigneten Zugang darstellen. Sie kann sowohl die verschiedenen Perspektiven der Beteiligten als auch den Prozess, in dem soziale Wirklichkeit konstituiert wird, in den Blick nehmen und auf diese Weise zu genaueren und vielschichtigeren Rekonstruktionen sozialer Tatbestände gelangen.

In der qualitativen Sozialforschung hat sich dementsprechend eine Sichtweise etabliert, der zufolge Triangulation zwar nicht der Validierung – im Sinne der Objektivierung – dient, einer Analyse jedoch mehr Breite und Tiefe verleihen kann (Fielding/Fielding 1986: 33; Schründer-Lenzen 1997: 108). Nach wie vor fehlt es jedoch an klaren Aussagen und Vorstellungen dazu, was eine Triangulation leisten kann.

Im vorliegenden Beitrag sollen die Möglichkeiten der Triangulation subjektiver Perspektiven und die mit ihnen verbunden Fragen konkret und systematisch erörtert werden. Wir beziehen uns dabei auf eine qualitative Studie zu Delinquenz von Kindern und deren familialer Bearbeitung. Eine Fokussierung auf das familiale Geschehen ist deswegen nahe liegend, weil verschiedene Jugendstudien zeigen, dass die Qualität des Familienlebens mit abweichendem Verhalten in deutlichem Zusammenhang steht (Lösel/Bliesener 2003; Mansel/Hurrelmann 1998; Sampson/Laub 1993). Darüber hinaus sprechen verschiedene Untersuchungen dafür, dass die im familialen Kontext geäußerten Bewertungen und Reaktionen wichtig für die weitere Entwicklung kindlicher Delinquenz sein können (Albrecht 2002; Matsuedea/Heimer 1997; Suterlüty 2004), vor allem für die Frage, ob wir es mit einer vorübergehenden Episode oder dem Beginn einer Delinquenzkarriere zu tun haben (Moffitt 1993; Moffitt 1997). Die Familie ist aus dieser Perspektive weniger als mögliche Ursache kindlicher Delinquenz von Interesse, sondern vor allem als Kontext der Delinquenzbearbeitung.

In unserer Studie zum Umgang mit kindlicher Delinquenz in der Familie zeigt sich, dass gesetzwidriges Verhalten von Kindern durch die betroffenen Kinder und ihre Eltern zum Teil unterschiedlich eingeschätzt wird und auch in Bezug auf die Delinquenzbearbeitung sind verschiedene Sichtweisen festzustellen (vgl. Hoops et al. 2001). Eine Triangulation subjektiver Perspektiven kann hier in verschiedener Hinsicht von Bedeutung sein. Zunächst kann geklärt werden, in welchen Fällen und inwiefern die Beteiligten in ihren Schilderungen und Bewertungen übereinstimmen – was als Hinweis auf einen konstruktiven Verständigungsprozess gewertet werden kann. Aufschlussreich kann es aber auch sein, zu vergleichen, wie Eltern und Kinder sich auf die Bedingungen und Kontexte beziehen, die regelmäßig mit Delinquenz in Verbindung gebracht werden – vor allem auf familiale Belastungen und delinquente Vorbilder in den peer-groups (vgl. Lösel/Bliesener 2003; Oberwittler 2003; Raithel/Mansel 2003; Silbereisen/Schwarz 1998: 248).

In diesem Beitrag sollen elterliche und kindliche Sichtweisen auf das Delinquenzgeschehen und seine Bearbeitung rekonstruiert werden. Dabei geht es sowohl um die einzelnen Perspektiven der Beteiligten, also darum, worin sie übereinstimmen und sich unterscheiden, als auch um ihre wechselseitigen Bezüge aufeinander. In inhaltlicher Hinsicht soll die Triangulation subjektiver Perspektiven dazu beitragen, zusätzliche Informationen zu den Prozessen der Delinquenzbearbeitung in der Familie beizusteuern, methodisch geht es um die Frage, wie unterschiedliche Perspektiven für den Erkenntnisprozess fruchtbar gemacht werden können. Im Folgenden werden zunächst verschiedene Möglichkeiten der Perspektivenkombination sowie entsprechende Forschungsbefunde der Familien- und Sozialisationsforschung dargestellt, um konkretere Ansatzpunkte für die eigene Analyse zu erhalten (1). Anschließend wird das empirische Material und das methodische Vorgehen erläutert, auf das sich in diesem Beitrag bezogen wird (2). Auf dieser Grundlage werden dann verschiedene Varianten der Triangulation subjektiver Perspektiven in Hinblick auf kindliche Delinquenz präsentiert: Zunächst mit dem Fokus auf verschiedene Generationen (3), dann mit dem Schwerpunkt des fallbezogenen Vergleichs (4). Abschließend werden die Erkenntnispotenziale der Triangulation subjektiver Perspektiven reflektiert und weiterführende Fragen erörtert (5).

1. Verschiedene Perspektiven in der Familien- und Sozialisationsforschung

In Hinblick auf die Entwicklung und Bearbeitung delinquenten Verhaltens wurden die Perspektiven verschiedener Beteiligter bisher noch nicht explizit thematisiert. Einzelne Studien der Familien- und Sozialisationsforschung liefern jedoch interessante Anknüpfungspunkte für eine entsprechende Analyse. Berücksichtigt man unterschiedliche Perspektiven und möchte diese miteinander kombinieren, dann können unterschiedliche Schwerpunkte gesetzt werden: Man kann die einzelnen Familienmitglieder als Vertreter verschiedener Personengruppen ansehen und Diskrepanzen als Ausdruck typischer Sichtweisen von Müttern, Vätern, Jugendlichen, Kindern, Mädchen oder Jungen betrachten. Oder man kann sich auf die Differenzierung zwischen individuellen Perspektiven innerhalb eines Falls, z.B. einer Familie konzentrieren (McCarthy et al. 2003: 4). In der Forschungspraxis wird zwischen einer personengruppenbezogenen und einer fallbezogenen Betrachtungsweise allerdings nicht immer klar differenziert, teilweise bezieht man sich auf Analysen aggregierter Daten, teilweise wertet man dyadisches Material aus; mitunter wird zwischen beiden Analyseebenen sogar gewechselt, so dass wir verschiedentlich mit unklaren Forschungsbefunden konfrontiert sind. In den folgenden Abschnitten geht es um verschiedene Perspektiven zunächst generationenbezogen und anschließend fallbezogen, d.h. in Hinblick auf einzelne Familien.

Perspektiven verschiedener Generationen
Wenn Eltern und ihre Kinder unabhängig voneinander befragt werden, zeigen sich Übereinstimmungen und Differenzen in unterschiedlichen Ausprägungen. Diskrepanzen zwischen den Generationen werden aus Untersuchungen berichtet, an denen Kinder und Jugendliche unterschiedlicher Altersgruppen beteiligt waren.

Peter Rieker

Entsprechende Ergebnisse liegen vor allem zur kindlichen bzw. jugendlichen Autonomie sowie zur Interaktion und zu Konflikten in der Familie vor.

Ausgeprägte Diskrepanzen zeigen sich in Fragen kindlicher Autonomie bzw. bei der Einschätzung der Autonomiegewährung durch Eltern. So beschreiben 4- bis 6-jährige Kinder im Vergleich zu ihren Müttern mehr Autonomie in Fragen des Zu-Bett-Gehens und hinsichtlich der Auswahl des Fernsehprogramms, fühlen sich in in punkto Ordnung-Halten und bei der Frage »Was wird angezogen?« aber eingeschränkter, als die Mütter aus ihrer Perspektive berichten (Sturzbecher et al. 2000: 209). An anderer Stelle konnte festgestellt werden, dass 10- bis 13-Jährige und ihre Eltern sich nicht immer einig darüber sind, wann aus den Kindern Jugendliche geworden sind. Während Vater und Mutter in dieser Frage in der Regel einer Meinung sind, zeigen sich je nach Altersgruppe unterschiedlich ausgeprägte Diskrepanzen zu den Einschätzungen der Kinder, die sich bereits als Jugendliche sehen, während sie für ihre Eltern noch Kinder sind (Stecher/Zinnecker 1998: 186f.).

In Untersuchungen, die sich um die Identifikation unterschiedlicher Perspektiven einzelner Generationen bemühen, wurde außerdem festgestellt, dass Eltern die Beziehungen zu ihren Kindern systematisch, d. h. konstant über einen Zeitraum von 20 Jahren, positiver einschätzen als ihre Kinder (Giarrusso et al. 1995: 245; Lettke 2002: 146f.). Darüber hinaus liefern mehrere Studien Hinweise darauf, dass Eltern eher als ihre Kinder dazu neigen, sozial erwünscht zu antworten (Jessop 1981: 97; McCarthy et al. 2003: 5; Sturzbecher et al. 2000: 211).

Fragt man gezielt nach Konflikten in der Familie, dann stimmen Eltern und Jugendliche im Alter zwischen 10 und 18 Jahren bezüglich der Anlässe, an denen sich Streit entzündet, überein und sind sich auch bezüglich der Intensität dieser Konflikte weitgehend einig (Smetana 1994: 217). Die Grundlagen familialer Konflikte werden allerdings unterschiedlich eingeschätzt. Während Eltern sich vor allem auf soziale Konventionen berufen, um ihre Positionen zu plausibilisieren, beziehen sich Jugendliche in ihren Begründungen stärker auf ihre persönliche Zuständigkeit sowie auf die Entwicklung ihrer Persönlichkeit und ihrer Autonomie. Wenn Jugendliche sich auf Konventionen beziehen, dann vor allem auf solche ihrer Peergroups (Smetana 1994: 220). Die diskrepanten Angaben dazu, wer für eine Entscheidung zuständig ist bzw. welche Konventionen dabei zugrundegelegt werden sollten, bestätigen Befunde zu den Einschätzungen des eigenen Einflusses. Hinsichtlich familiärer Beziehungen lässt sich feststellen, dass Eltern und Jugendliche ihren eigenen Einfluss jeweils deutlicher betonen, als den der anderen Seite (vgl. Holland et al. 1996; Jessop 1981: 103).

Diskrepanzen lassen sich auch dann ausmachen, wenn man zwischen Selbst- und Fremdeinschätzung unterscheidet. Nach einer schwedischen Studie geben 10- bis 18-jährige Kinder und Jugendliche häufiger an, sich oft traurig zu fühlen, als ihre Eltern dies für diese Kinder und Jugendliche berichten – diese Diskrepanzen nehmen mit steigendem Alter zu und sind bei Mädchen stärker ausgeprägt als bei Jungen (Jonsson/Östberg 2003: Tabelle V). Wenn die befragten Familienmitglieder angeben, nicht gut miteinander auszukommen, zeigen sich besonders starke Diskrepanzen: Nur in gut der Hälfte der Fälle, in denen Kinder angeben, sich traurig zu fühlen, bestätigen die Eltern diese kindliche Selbsteinschätzung (Alt/Beisenherz 2003). Lediglich in Familien mit allein erziehenden Müttern zeigt sich ein anderes Bild: Hier haben die Mütter häufiger als die Kinder selbst den Eindruck, die Kinder seien traurig (Jonsson/Östberg 2003: Tabelle V).

Perspektiven innerhalb einer Familie
Die Kombination verschiedener Perspektiven innerhalb einer Familie soll ein umfassenderes Bild des Geschehens bzw. der Sichtweisen der Beteiligten ermöglichen, dazu beitragen, Widersprüche und Spannungen im Familienleben zu erkennen, und klären, inwiefern die einzelnen Familienmitglieder ähnliche oder unterschiedliche Realitäten konstruieren (McCarthy et al. 2003: 6f.; Perlesz/Lindsay 2003: 32). Die Sichtweisen verschiedener Familienmitglieder sind bisher kaum Gegenstand spezieller Untersuchungen und wenn sie thematisiert werden, lassen sich sowohl Übereinstimmungen als auch Diskrepanzen feststellen. Während Übereinstimmungen in der Regel nicht weiter thematisiert werden, erscheinen vor allem die Differenzen erklärungsbedürftig und führen zu Unsicherheiten. Wenn Diskrepanzen zwischen Familienmitgliedern deutlich werden, bleibt oft unklar, worauf diese zurückgehen und wie sie für die Forschung fruchtbar gemacht werden können, so dass man sich auf deren Aufzählung beschränkt (vgl. Pahl 1989: 183; Hutson/Jenkins 1989: 27).

In einer neueren Untersuchung werden auf der Grundlage dreier Fallbeispiele verschiedene Diskrepanzen beschrieben (McCarthy et al. 2003: 13). Übereinstimmungen deutet man dabei als Hinweis auf die Verständigung zwischen verschiedenen Familienmitgliedern und Diskrepanzen gelten als Ausdruck fehlender Kommunikation zwischen den Beteiligten (McCarthy et al. 2003: 15). Gravierende Differenzen in den Schilderungen verschiedener Familienmitglieder lassen sich auch aus solchen Untersuchungen herauslesen, die die verschiedenen Perspektiven selbst nicht thematisieren. Im Rahmen der klassischen Studie »Die Kinder von Sanchez« (Lewis 1967) wurden vier Geschwister und ihr Vater mehrfach ausführlich befragt und gaben teilweise völlig unterschiedliche Darstellungen des gemeinsamen Familienlebens.

Peter Rieker

Fallbezogene Diskrepanzen sind in der Familien- und Sozialisationsforschung bisher kaum systematisch untersucht worden, so dass diesbezüglich neben solchen Eindrücken auf der Ebene von Einzelfällen kaum Erkenntnisse verfügbar sind. Auf der Grundlage der oben referierten Einzelfalldarstellungen lassen sich jedoch einige Hintergründe für diskrepante Darstellungen rekonstruieren:

Unterschiedliche Informationsstände: Differierende Berichte sind dann festzustellen, wenn ein Familienmitglied Informationen hat, über die ein anderes nicht oder nicht in gleicher Weise verfügt – z. B. wenn es um die eigenen Gefühle oder um Informationen geht, die unter dem Siegel der Verschwiegenheit weitergegeben wurden.

Selbstbilder/Interessen: Teilweise entsteht auch der Eindruck, dass die Berichte der einzelnen Beteiligten systematische Verzerrungen aufweisen, wobei solche Informationen nicht gegeben werden (z. B. Verprügeln der Ehefrau, Familienkonflikte), die dem jeweiligen Selbstbild nicht entsprechen.

Unterschiedliche Relevanzen: Auch wenn einzelne Familienmitglieder über die selben Vorkommnisse berichten, so werden diese Erlebnisse teilweise in unterschiedliche Kontexte eingeordnet und können ganz unterschiedliche Bedeutung haben.

Fazit zum Forschungsstand
Die in der Familien- und Sozialisationsforschung vorliegenden Befunde zum Verhältnis zwischen elterlichen und kindlichen Perspektiven können folgendermaßen zusammengefasst werden: Eltern neigen im Vergleich zu Kindern eher zu positiven, sozial erwünschten Schilderungen, wenn es um Beziehungen in der Familie geht; Kinder berichten eher von konflikthaften Erfahrungen, betrachten sich vergleichsweise früher als autonom und orientieren sich auch an den Normen Gleichaltriger; erhebliche Differenzen sind bezüglich der Selbst- und Fremdeinschätzung kindlicher Gefühle sowie hinsichtlich der Bereiche, in denen Kindern Autonomie gewährt wird, festzustellen; Kinder und Eltern schätzen den Einfluss, den sie selbst auf das Familienleben haben, jeweils größer ein als den der anderen Seite. Die Unterschiedlichkeit der Sichtweisen steigt bei konflikthaften Beziehungen an, was damit erklärt wird, dass eine Verständigung im Rahmen konflikthafter Interaktion weniger wahrscheinlich ist. Durch fallbezogene Analysen können darüber hinaus teilweise individuelle, fallspezifische Hintergründe für die diskrepanten Sichtweisen rekonstruiert werden, die mit dem Informationsmanagement in der Familie, mit den Interessen der einzelnen Beteiligten und mit unterschiedlichen Relevanzsetzungen in Zusammenhang zu bringen sind. In der Fachliteratur werden darüber hinaus noch andere mögliche Ursachen für diskrepante Perspek-

tiven diskutiert. Einerseits wird auf methodische Probleme hingewiesen, die z.B. durch unterschiedliche Erhebungsinstrumente, Versuchsleitereffekte oder situationsabhängiges Befragtenverhalten verursacht werden können (Sturzbecher et al. 2000: 210). Andererseits kann nicht ausgeschlossen werden, dass bestimmte Informationen oder Erfahrungen entwicklungspsychologisch bedingt bei Eltern und Kindern unterschiedlich repräsentiert sein können (Sturzbecher et al. 2000: 210f.). Diese Vermutungen wurden bisher jedoch nicht geprüft, so dass Diskrepanzen zwischen den Perspektiven verschiedener Beteiligter zwar benannt, für den Erkenntnisprozess in der Regel aber nicht fruchtbar gemacht werden.

Die unbefriedigende Informationslage zum Verhältnis verschiedener subjektiver Perspektiven hängt auch mit der unklaren Fokussierung der verschiedenen Forschungsarbeiten auf diesem Feld zusammen. In der Regel wird nicht geklärt, ob Personengruppen (z.B. Generationen) oder einzelne Fälle (z.B. verschiedene Mitglieder einer Familie) im Zentrum der Analyse stehen und teilweise wechselt man zwischen beiden Betrachtungsweisen. Ein Wechsel des Analyseschwerpunkts kann jedoch mit substanziellen Relativierungen scheinbar klarer Befunde verbunden sein, wie sich z.B. an einer Untersuchung zu elterlicher und kindlicher Einschätzung der Eltern-Kind-Beziehung zeigen lässt. Während aus der Betrachtung von Durchschnittswerten das Resultat abgeleitet wird, dass Eltern diese Beziehungen systematisch positiver einschätzen als Kinder (Giarusso et al. 1995: 259), erbringt eine auf Eltern-Kind-Dyaden konzentrierte Auswertung des selben Materials ein heterogenes Bild: Die Eltern-Kind-Beziehung wird in 37% der Fälle von Eltern positiver, in 28% der Fälle von den Kindern positiver und in 34% der Fälle übereinstimmend bewertet (Giarusso et al. 1995: Tabelle 6.3). Diese Befunde unterstreichen, wie wichtig es ist, den Fokus einer Triangulation klar zu benennen und für die Interpretation der Ergebnisse zu berücksichtigen. Wenn im Folgenden die Verläufe und die Bearbeitung kindlicher Delinquenz aus Sicht von Eltern und Kindern untersucht werden, soll daher zwischen verschiedenen Betrachtungsweisen differenziert werden.

2. Datengrundlage und methodisches Vorgehen

In diesem Beitrag wird sich auf eine Untersuchung des Deutschen Jugendinstituts zu Delinquenz von Kindern[2] bezogen, um zu erkunden, welche Erkenntnismöglichkeiten die Einbeziehung unterschiedlicher Perspektiven bietet. In qualitativen Interviews wurden Informationen darüber gesammelt, wie man gesetzwidriges, polizeilich angezeigtes Verhalten von Kindern innerhalb der Familie einschätzt, wie Familien damit umgehen und wie sie die Maßnahmen zuständiger Institutionen (Polizei, Jugendhilfe) erleben. Das Forschungsinteresse dieser Untersuchung bezieht sich damit nicht nur auf die Entwicklung delinquenten Verhaltens, sondern vor allem auf dessen Bearbeitung im Rahmen der Familie und durch die intervenierenden Institutionen (vgl. Hoops et al. 2001; Rieker 2001). Dafür wurden Interviews in 50 Familien geführt, in denen ein Kind lebt, das als Strafunmündiger, d.h. im Alter zwischen acht und 13 Jahren aufgrund gesetzwidrigen Verhaltens polizeilich angezeigt wurde. Die in die Untersuchung einbezogenen Familien repräsentieren in Bezug auf Bildungsniveau, Erwerbstätigkeit und Familienkonstellation ein breites Spektrum: In 13 Fällen hat zumindest ein Elternteil ein Hochschulstudium absolviert, in 29 Fällen verfügen Vater und/oder Mutter über eine schulische oder gewerbliche Berufsausbildung und in 8 Fällen sind die Eltern ohne berufliche Ausbildung; die Eltern arbeiteten als entweder Selbständige (2), Angestellte (10), Facharbeiter (18), Hilfsarbeiter (6) oder sie waren Rentner (1) bzw. arbeitslos (13); in 20 Fällen lebten die Kinder mit beiden leiblichen Eltern zusammen, 15 mal in Patchwork-Familien und 15 mal mit allein erziehenden Elternteilen. Die Familien lebten etwa zur Hälfte in Ost- bzw. Westdeutschland. Die befragten Kinder waren zum Zeitpunkt der Interviews zwischen neun und 16, zumeist 13 Jahre alt und besuchten alle Schultypen. Aufgrund ganz unterschiedlicher Gesetzwidrigkeiten wurden sie als Strafunmündige offiziell auffällig, etwa $3/4$ von ihnen sind Jungen, $1/4$ sind Mädchen. Der Kontakt zu den interviewten Familien kam auf unterschiedliche Weise zustande: Vermittelt durch Mitarbeiter von Jugendämtern, freien Trägern der Jugendhilfe, Polizeidienststellen oder Schulen, durch Zeitungsannoncen und -artikel sowie durch ein Schneeballverfahren. Je Interview wurde eine Aufwandsentschädigung in Höhe von 40 DM gezahlt.

Die Zusammensetzung der Untersuchungsgruppe dürfte durch verschiedene Aspekte geprägt sein, vor allem durch die Fokussierung des Erkenntnisinteresses auf die Bearbeitung offiziell registrierter Delinquenz sowie durch die gewählten Zugangswege. Grundsätzlich hätte fast jede Familie, in der Kinder im entsprechenden Alter leben, in die Untersuchung einbezogen werden können, da fast alle Kinder entsprechende Delikte begehen. Eine erste Auswahl erfolgte durch die Begrenzung auf diejenigen, die polizeilich angezeigt worden waren – verschiedene Schätzungen gehen davon aus, dass nur zwischen 5% und 15% aller Kinder und Jugendlichen, die sich gesetzwidrig verhalten, polizeilich erfasst werden. Da es aufgrund datenschutzrechtlicher Bestimmungen nicht möglich ist, die betreffenden Familien direkt anzusprechen, ergaben sich durch die gewählten Zugangswege zusätzliche selektive Effekte: Überdurchschnittlich vertreten dürften in dieser

Untersuchungsgruppe diejenigen sein, die mit verschiedenen Instanzen der Jugendhilfe zu tun hatten und/oder ein ausgeprägtes Eigeninteresse an einer Beteiligung hatten. Bei der Generalisierung der auf dieser Grundlage erzielten Erkenntnisse müssen diese Besonderheiten im Auge behalten werden.

Bei den Familien, die sich schließlich beteiligten, konnten in der Regel die Eltern bzw. ein Elternteil und das betreffende Kind befragt werden und zwar gleichzeitig, aber getrennt voneinander von je einer/einem Interviewenden. Die getrennten Interviews wurden gewählt, um allen Interviewpartnern die gleiche Chance zu geben, ihre Erfahrungen und Einschätzungen zu formulieren. Die Interviews fanden zumeist in der Wohnung der Familie statt, sie dauerten zwischen 45 Minuten und drei Stunden. Die Interviewführung orientierte sich einerseits am Verfahren biografisch-narrativer Interviews (vgl. Hermanns 1991; Rosenthal 1995: 187ff.), das heißt, dass die Befragungen seitens der Interviewer durch offene Erzählaufforderungen eröffnet wurden, die den Befragten genug Raum für eine eigene Schwerpunktsetzung einräumen sollten. Andererseits waren die Forschungsfragen auch in einen Leitfaden gefasst, der flexibel eingesetzt wurde (vgl. Hopf 2000; Witzel 1985). Die im Rahmen dieser Untersuchung geführten Interviews repräsentieren insgesamt recht unterschiedliche Mischungen aus narrativen Interviews und Leitfaden-Interviews, was u.a. mit den heterogenen Ausgangsbedingungen und Verläufen der Befragungen zusammenhängt (vgl. Rieker 2002).

Ausgewertet wurden die vollständig verschrifteten Interviews in einem mehrstufigen Verfahren, bei dem es auf der Grundlage einer gründlichen Lektüre und Diskussion einzelner Fälle, also aller in einer Familie geführten Interviews, zunächst darum ging, Falldarstellungen zu erarbeiten, die der Komplexität des Einzelfalls gerecht werden (vgl. Schmidt 1997). Im Rahmen dieser fallzentrierten Erschließung des Datenmaterials wurden Ideen zu Auswertungskategorien entwickelt, die unter Einbeziehung weiterer Fälle ausdifferenziert, verfeinert und überarbeitet wurden (vgl. Strauss 1994: 28ff.). Die im Rahmen dieses Vorgehens entwickelten Kategorien bezogen wir anschließend auf die Gesamtheit der Fälle, um sie empirisch auf eine ausreichend breite Basis zu stellen. Auf diesem Weg konnten wir Angaben zur Verteilung der einzelnen Ausprägungen unserer Auswertungskategorien entwickeln und Querverbindungen zwischen diesen verschiedenen Elementen prüfen und dokumentieren (vgl. Becker/Geer 1979: 148ff.). Die Ergebnisse der Auswertung zur familialen Bearbeitung von Delinquenz, zur psychosozialen Qualität des Familienlebens und zur Delinquenzbelastung, auf die sich in einem Teil dieses Beitrages bezogen wird, sind in ihren inhaltlichen Ausprägungen und Zusammenhängen an anderer Stelle beschrieben (vgl. Rieker 2001).

Für die Analyse elterlicher und kindlicher Perspektiven konzentrieren wir uns im vorliegenden Beitrag auf den ostdeutschen Teil der Untersuchung. Diese Entscheidung hat methodische Gründe: Die Interviews in Ostdeutschland wurden von einem Interviewer-Team geführt, wodurch gewährleistet ist, dass die Interviews seitens der Interviewenden auf einheitliche Weise organisiert und durchgeführt wurden. Reduzieren können wir auf diese Weise die Gefahr, dass die Unterschiedlichkeit der Sichtweisen durch Interviewstil und durch das Setting der Befragung entscheidend geprägt sind. Für diese Analyse können 25 Fälle berücksichtigt werden, in denen jeweils mit Eltern und Kindern hinreichend ausführliche Interviews geführt wurden, die sowohl generationen- als auch fallbezogene Aussagen zum Verhältnis zwischen Eltern- und Kinderperspektive zulassen. Diese Fallgruppe umfasst Interviews mit 21 Jungen und 6 Mädchen (in zwei Familien konnten Interviews mit jeweils zwei Kindern geführt werden), die jeweils einzeln befragt wurden, sowie mit 24 Müttern und 9 (Stief-)Vätern, die in 8 Fällen als Paar befragt wurden, 16 Mütter und 1 Vater wurden einzeln befragt.

Für die generationenbezogene Analyse beziehen wir uns dabei auf die Kontexte und Bedingungen, die von den Interviewpartnern mit dem delinquentem Handeln der Kinder in Zusammenhang gebracht werden. Analysiert werden die Äußerungen von Eltern und Kindern außerdem in Bezug auf ihre Einschätzung zur Bearbeitung delinquenten Verhaltens. Auch im Rahmen der fallbezogenen Analyse werden die Schilderungen der Interviewpartner sowohl hinsichtlich der Delinquenzvorfälle als auch in Bezug auf die Bearbeitung von Delinquenz ausgewertet. Dabei können neben Übereinstimmungen auch erhebliche Diskrepanzen festgestellt werden, die sich zu unterschiedlichen Varianten gruppieren lassen. Die aus der Zuordnung der einzelnen Fälle zu diesen Kategorien resultierenden Übersichten ermöglichen eine qualifizierte Auswahl einzelner Fälle, die anschließend nochmals gründlich analysiert werden können.

3. Perspektiven von Eltern und Kindern im generationenbezogenen Vergleich

Die Analyse des Datenmaterials hinsichtlich typischer, d. h. einzelfallübergreifender Übereinstimmungen und Differenzen zwischen den Schilderungen von Eltern und Kindern erbringt ein heterogenes Bild. Einerseits ist festzustellen, dass sich verschiedene auf der Ebene von Einzelfällen beobachtbaren Differenzen bezogen auf die gesamte Untersuchungsgruppe neutralisieren. So sind es in einigen Fällen die Eltern, die im Vergleich zu ihren Kindern die ausführlicheren, vollständiger erscheinenden Schilderungen des Delinquenzgeschehens oder dessen Bearbeitung liefern, während in anderen Fällen die Kinder diesbezüglich mitteilungsfreudiger sind. Auch Indikatoren, die im Perspektivenvergleich für eine Verharmlosung oder Dramatisierung delinquenten Verhaltens durch eine der befragten Seiten sprechen, werden von Eltern und Kindern geäußert. Anderseits lassen sich aber auch Differenzen feststellen, von denen aufgrund ihrer Verteilung auf grundsätzliche Unterschiede zwischen elterlichen und kindlichen Perspektiven geschlossen werden kann. Aus der folgenden Übersicht wird deutlich, dass Eltern sich bei ihren Erklärungsversuchen tendenziell eher auf strukturelle Kontexte beziehen: Medizinische und psychologische Dispositionen der Kinder, Belastungen des Familienlebens oder gesellschaftliche Fehlentwicklungen. Kinder beziehen sich stärker auf aktuelle Kontexte, aus denen sich Delinquenz entwickelt hat: Langeweile, spielerisches Austesten der eigenen Fähigkeiten, unerfüllte Wünsche.

Genannte Bedingungen	Anregungen d. Gleichaltrige	Belastungen d. Familienlebens	Medizinische/ Psychologische Dispositionen	Langeweile, Bedürfnis n. Spiel/Austesten	Unerfüllte Wünsche
In Interviews mit Eltern	17	9	4	4	7
In Interviews mit Kindern	13	5	1	11	15

Übersicht 1: Bedingungen, die aus Sicht von Eltern und Kindern zum delinquenten Verhalten der Kinder beigetragen haben[3]

Diese Übersicht verdeutlicht, dass Eltern sich vor allem auf die im gesellschaftlichen Diskurs verbreiteten Begründungen und auf Expertenwissen beziehen, während Kinder eher lebenswelt- und bedürfnisorientiert argumentieren. Aus den Interviews wird darüber hinaus deutlich, dass Eltern in Bezug auf das delinquente Verhalten ihrer Kinder wesentlich erklärungs- und begründungsfreudiger sind als die Kinder selbst, für die delinquentes Verhalten tendenziell eher normal ist – schließlich haben die Freunde doch auch gestohlen, genauso wie die Eltern in ihrer eigenen Jugend. Deutliche Unterschiede zeigen sich darüber hinaus in der Art und Weise, in der sich auf Gleichaltrige bezogen wird.

Die Bedeutung der Gleichaltrigen im Kontext kindlicher Delinquenz
Wenn Eltern und Kinder im Interview über Kinderdelinquenz sprechen, spielen die Gleichaltrigen eine nicht unbedeutende Rolle. Fast immer sind es Gruppenkontexte, die als Entstehungs- oder Vollzugskontext abweichenden Verhaltens

beschrieben werden. Nur in wenigen Fällen spielen solche Gruppenkontexte keine Rolle, weil Delinquenz als Handeln einzelner Kinder präsentiert wird. Hinsichtlich der Dominanz solcher Gleichaltrigen-Kontexte delinquenten Handelns sind sich Eltern und Kinder weitgehend einig. Differenzen werden bezüglich der genaueren Bedeutung der Mittäter sichtbar. Kinder beschreiben gemeinsame Delinquenzaktivitäten und weisen Freunden und Freundinnen teilweise auch eine direkte oder indirekte Anregungsfunktion zu. Die Eltern weisen denjenigen, die mit ihren Kindern gemeinsam delinquent handeln, häufiger – d.h. in der Hälfte der Fälle – eine größere Verantwortung zu bzw. geben ihnen direkt die Schuld am Fehlverhalten ihrer eigenen Kinder.

Als indirekte Zuweisung der Verantwortung kann es interpretiert werden, wenn Eltern die Ansicht vertreten, ihre Kinder hätten in erster Linie gestohlen, um den Freunden zu imponieren oder um über Geld zu verfügen, um Freunde zu Pizza und Zigaretten einladen zu können und sich so ihrer Freundschaft zu versichern. Direkte Schuldzuweisungen sind dann erkennbar, wenn Handlungen oder Anweisungen von Freundinnen oder Freunde für delinquentes Handeln der eigenen Kinder verantwortlich gemacht werden, wie z.B. von der Mutter von Hans.

> Also, manchmal nehm ich an, dass vielleicht eine entscheidende Rolle gespielt hat eben der Umgang hier. Er hat einen Haufen Freunde gehabt. Ich muss sagen, Hans war vielleicht nicht der Übeltäter, aber er ist eben mit verführt worden. Also und der eine, na, sein Freund der Bruder ist in der Russenmafia, und er hat dann ein bisschen Angst immer gehabt vor dem Bruder, und da hat er eben den Mist mitgemacht. Weil er im Prinzip, wie soll ich denn sagen, bedroht worden ist von ihm. Wenn er nicht mitmacht, »dann hol ich meinen Bruder und da, deine Familie feg ich weg auf der Straße« und bei der Russenmafia, da weiß man ja auch nicht so richtig, woran man dann ist.[4]

Als frühe Reaktion ist die Schuldzuweisung an gleichaltrige oder ältere Kinder unter den befragten Eltern recht verbreitet, auch wenn sie im Verlauf der Auseinandersetzung mit dem kindlichen Fehlverhalten solche Schuldzuweisungen verschiedentlich relativieren, wie es bei der Mutter von Paula festzustellen ist.

> Also, es muss einfach so gewesen sein, dass sie mit ihrer Freundin in der Stadt war, in einem Kaufhaus. Und nachdem, wie Paula es mir erzählt hat, war es so, dass die Freundin gesagt hat: »Wollen wir hier mal was mitnehmen? Dann probieren wirs mal«. [lacht] Und so, und die Freundin hatte auch wesentlich mehr

eingesackt. (…) Das war für mich auch erstmal schwierig. Also, ich hatte dann auch ein bisschen Probleme mit dieser Freundin, weil, zu dem Zeitpunkt kannt ich sie noch nicht so gut. (.) Und inzwischen hab ich einfach gemerkt, die ist genauso wenig kriminell, wie mein Kind kriminell ist, [lacht] na, also, das war schon erstmal ein bissel komisch.

Es ist anzunehmen, dass es auch der eigenen Entlastung dient, wenn Freundinnen und Freunde der Kinder als »Drahtzieher« delinquenten Verhaltens präsentiert werden – sei es von den Kindern gegenüber ihren Eltern oder von den Eltern gegenüber den Interviewenden. Möglicherweise ist es das Bewusstwerden solch eines Entlastungsversuchs, das Paulas Mutter in der zitierten Passage zu einem kurzen Lachen bewegt und was sie im Nachhinein als »komisch« empfindet. Ganz explizit zeigt sich solch ein Entlastungsversuch, wenn die Mutter von Vicky sagt: »Es ist nicht unbedingt immer Erziehungssache, ich denke mal, es spielt auch sehr viel mit, in welchen Kreisen man sich aufhält«.

Ein anderes Bild zeigt sich, wenn es um die Bearbeitung delinquenten Verhaltens geht. Während die Freundinnen und Freunde der Kinder aus Sicht der Eltern so gut wie keine Rolle bei der Bearbeitung delinquenten Verhaltens spielen, wird in den Interviews mit Kindern diesbezüglich ein breites Spektrum an Bedeutungshorizonten deutlich, wie die folgende Übersicht zeigt.

Bedeutung Gleichaltriger für die Bearbeitung von Delinquenz	Gleichaltrige ohne erkennbare Bedeutung	Thematisierung mit Gleichaltrigen	Strategien und Orientierungen mit Gleichaltrigen entwickelt	Abgrenzung von Gleichaltrigen
In Interviews mit Eltern	23	2	–	-
In Interviews mit Kinder	11	7	5	5

Übersicht 2: Die Bedeutung Gleichaltriger für die Bearbeitung kindlicher Delinquenz aus Sicht von Eltern und Kindern[5]

Gleichaltrige ohne erkennbare Bedeutung: In fast allen Interviews mit Eltern und auch in einem erheblichen Teil der Kinderinterviews wird nicht deutlich, dass den Freundinnen oder Freunden der Kinder Anteile an der Bearbeitung delinquenten Verhaltens zugerechnet werden.

Peter Rieker

Thematisierung mit Gleichaltrigen: In den Interviews dieser Fallgruppe wird berichtet, dass die Kinder mit Freundinnen und Freunden über die Delinquenzvorfälle, deren Konsequenzen oder Reaktionen des sozialen Umfelds sprechen. Dabei wird entweder erkennbar, dass diese Thematisierung in den Augen der Interviewten keine Konsequenzen hat (es wird z. B. berichtet, die Freunde hätten gar nichts dazu gesagt) oder es wird nicht deutlich, ob und ggf. welche Konsequenzen sich daraus ergeben, dass diese Aspekte im Kreis der Gleichaltrigen angesprochen werden.

Strategien und Orientierungen mit Gleichaltrigen entwickelt: In den Interviews mit fünf Kindern wird deutlich, dass sie sich zusammen mit Freundinnen und Freunden darum bemühen, gemeinsame Strategien zur produktiven Bearbeitung von Delinquenz zu entwickeln. Entsprechende Beschlüsse und Prozesse werden in den Äußerungen von Yvonne und Adrian deutlich.

> *Yvonne*: Wir haben dann wirklich, nachdem das auch das zweite Mal passiert ist, wirklich jetzt so beschlossen für uns, wir machen das wirklich nie wieder und auch so, also, mit Freunden, die vielleicht noch nicht erwischt wurden. (...) Das war irgendwie für uns, wir haben so einen Bund für uns geschlossen, dass wir es eben nie wieder machen.
> *Adrian*: Dann hatten wir das eben sein lassen, weil mein Freund erwischt wurde, hab ich das allen gesagt, dass sie es bitte sein lassen sollen, weil schon ein anderer erwischt wurde, und ich hab aber nicht den Namen genannt. Und dann ham wirs sein gelassen. Auch viele, die eigentlich kaum auf mich hören, hams sein gelassen. Und dann ham wir das überstanden und dann hatten wir eigentlich nichts mehr damit im Sinn. (...) Und dann gabs eigentlich nicht mehr irgendwas, was wir illegal gemacht haben so.

Abgrenzung von Gleichaltrigen: In fünf weiteren Interviews mit Kindern wird Delinquenz in der Weise bearbeitet, dass man sich von Gleichaltrigen abgrenzt, die mit dem delinquenten Handeln assoziiert sind. Olaf beschreibt zu Beginn des Interviews solch eine Abgrenzung, worauf der Interviewer am Ende des Gesprächs nochmal zurückkommt.

> Dann sind wir dann da reingegangen und dann wurden wir erwischt. (.) Und das war dann so ein großer Schock für uns beide, da hat dann die Freundschaft einfach aufgehört, da haben wir dann nicht mehr weitergemacht sozusagen. (...) (I: Kannst du noch mal sagen, wie das dazu gekommen ist, dass du überhaupt keinen Kontakt mehr zu dem hast?) Na ja das ist dann halt keine richtige

Freundschaft mehr, weil die wird durch so was im Prinzip zerstört, das ist wie ein Faden, der mit einer Schere durchgeschnitten wird, dass die beiden Fäden keine Verbindung mehr haben und wir wollten eigentlich nichts mehr voneinander wissen, weil das war wirklich der Schreck, der einem da noch in den Gliedern sitzt. (I: Ging das von dir oder von euch aus oder haben das //) Das wollten beide Seiten, dass wir uns nicht mehr sehen und wenn wir uns jetzt noch manchmal über den Weg laufen, der läuft manchmal hier lang, der hat einen Hund zum Gassi gehen und da sagt man dann einfach nur »Hallo« oder wenn seine Eltern kommen. Wir laden uns auch nicht mehr zum Geburtstag ein so. Wir sagen nur mal »Hallo«, wie Bekannte irgendwie aber wo nichts dazwischen ist so. Also wir laden uns nicht ein und so, wir haben eigentlich keinen Kontakt mehr. (I: War das so eure Entscheidung, also eure, der Jungs //) Ja (I: oder haben die Eltern gesagt, also mit dem //) Nee nee, das wollten wir selber nicht mehr. Mit so einem wollten wir nicht mehr zusammen sein, wir waren beide über uns gegenseitig geschockt sozusagen. Ich meine, wir wussten beide, dass wir selber Diebe sind, aber von dem anderen so direkt, das war dann halt der Schrecken.

An dieser Stelle kann festgehalten werden, dass die Gleichaltrigen für die Kinder nicht nur in Hinblick auf die Genese delinquenten Verhaltens zentral sind, sondern auch für die Bearbeitung delinquenten Verhaltens größeren Stellenwert haben als die Erwachsenen denken. Aus Sicht der Eltern sind die Gleichaltrigen für die Delinquenzbearbeitung nicht relevant, sondern wirken vor allem als Anstifter und werden für den Vollzug delinquenten Verhaltens verantwortlich gemacht. Eltern vertreten vor allem die Ansicht, durch Gespräche und Sanktionen ihre Kinder auf den richtigen Weg zurückgeführt zu haben, während die Kinder häufiger davon überzeugt sind, die entscheidenden Schritte »zum Ausstieg« zusammen mit ihren Freunden oder in Abgrenzung von diesen gegangen zu sein.

4. Perspektiven von Eltern und Kindern im fallbezogenen Vergleich

Vergleicht man die Darstellungen von Kindern und Eltern fallweise, dann zeigen sich ganz unterschiedliche Konstellationen. In 15 Fällen dominiert grundsätzliche Übereinstimmung – sowohl hinsichtlich der jeweils berichteten Sachverhalte als auch in Bezug auf den Stellenwert, der den Delinquenzvorfällen im Interview beigemessen wird. Übereinstimmung auf sachlicher Ebene zeichnet sich dadurch aus, dass Eltern und Kinder über die selben Delikte berichten und auch die familiale und institutionelle Bearbeitung bzw. Sanktionierung delinquenten Verhaltens ähnlich beschreiben. Übereinstimmungen hinsichtlich des Stellenwerts von Delinquenz sind z. B. dann zu konstatieren, wenn die Schilderung des mit Delinquenz verbundenen Geschehens in beiden Interviews breiten Raum einnimmt oder wenn Eltern und Kind das Delinquenzgeschehen ungeachtet der allgemeinen Erzählaufforderung bereits zu Beginn des Interviews ansprechen.

In den Interviews mit 10 Familien sind teilweise erhebliche Differenzen zwischen kindlicher und elterlicher Darstellung zu konstatieren. In diesen Fällen werden von einer Seite entweder mehr oder andere Delikte als von der anderen Seite berichtet bzw. es werden unterschiedliche Maßnahmen zur Bearbeitung von Delinquenz geschildert. Teilweise sind es die Kinder, die weniger bzw. harmlosere Delikte oder weniger einschneidende Sanktionen als ihre Eltern schildern. Aber es kommt auch vor, dass die Eltern hinsichtlich des Delinquenzgeschehens nur einen kleinen Teil dessen berichten, was ihre Kinder erzählen. In anderen Fällen berichten Eltern und Kinder von ganz verschiedenen Erlebnissen, so dass man den Eindruck hat, es handle sich um unterschiedliche Fälle.

Weitgehende Übereinstimmung zwischen Eltern und Kind	Erhebliche Diskrepanzen zwischen Eltern und Kind in Bezug auf			
	– Delinquenzvorfälle			– Bearbeitung von Delinquenz
	Eltern berichten Dramatischeres/ Vielfältigeres – Kind berichtet Harmloseres	Kind berichtet Dramatischeres/ Vielfältigeres – Eltern berichten Harmloseres	Eltern und Kind berichten Unterschiedliches	Eltern berichten Einschneidenderes/Vielfältigeres – Kind berichtet Harmloseres
16	5	2	2	5

Übersicht 3: Übereinstimmung und Diskrepanzen zwischen Eltern und Kindern – fallbezogen[6]

Vor allem in den Fällen, in denen Kinder mehr als ihre Eltern berichten, gibt es Anzeichen dafür, dass die Kinder ihren Eltern nicht von allen Verfehlungen berichtet haben, die sie im Interview ansprechen, so dass diskrepante Darstellungen mit den *unterschiedlichen Informationsständen* zusammenhängen. Einige Eltern wurden von Nachbarn oder zuständigen Institutionen informiert und konnten den Informationsrückstand gegenüber ihren Kindern ausgleichen, was dazu führen kann, dass diese Eltern dann im Interview mehr als ihre Kinder berichten.

In allen Fällen entsteht allerdings der Eindruck, dass diskrepante Schilderungen nicht bloß Ausdruck ungleicher Wissensbestände sind, sondern durch die *unterschiedlichen Interessen* der einzelnen Befragten erheblich geprägt sind. Vergleichende Betrachtungen zeigen, dass einige Eltern offenbar darum bemüht sind, die mitunter hitzige Bearbeitung von Delinquenz in der Familie gegenüber den Interviewenden zu glätten und die Verantwortung für das Handeln der Kinder zurückzuweisen oder gar nicht erst den Verdacht aufkommen zu lassen, bei ihnen handle es sich möglicherweise nicht um eine »ganz normale Familie«. In den Interviews mit einigen Kindern gibt es Hinweise darauf, dass diese nicht über jedes der von ihnen begangenen Delikte berichten, um sich selbst nicht in einem allzu ungünstigen Licht darzustellen und um sich nicht mit den unangenehmen Folgen ihres Handelns auseinander setzen zu müssen.

Teilweise entsteht der Eindruck, dass Diskrepanzen gerade dadurch entstehen, dass Eltern und Kinder sich sehr ähnlich gegenüber dem Delinquenzgeschehen positionieren. Bei fünf Vergleichspaaren zeigen Eltern und Kind die Tendenz, ungünstige Umstände, andere Menschen oder »die Gesellschaft« für die kindliche Delinquenz oder deren unnötige Dramatisierung verantwortlich zu machen – und sich selbst auf diese Weise als nicht verantwortlich darzustellen. In einem dieser Fälle konnten zwei Geschwister befragt werden, die beide nicht nur ihrer Mutter die Schuld am eigenen Verhalten zuwiesen, sondern die sich auch wechselseitig für die jeweils eigenen Verfehlungen verantwortlich machten bzw. behaupteten, nur der andere habe bestimmte Delikte begangen. Diese Ausblendung der jeweils eigenen Anteile und die Tendenz, sich wechselseitig die Schuld zuzuweisen, trägt in diesen Fällen maßgeblich zu diskrepanten Darstellungen bei.

In zwei Fällen weckt das gesetzwidrige Verhalten besondere Befürchtungen bei den Eltern der auffällig gewordenen Kinder: Ein als Wachmann tätiger Vater sorgt sich um seinen Arbeitsplatz, wenn die Verfehlungen seines Sohnes bekannt werden; eine Mutter befürchtet, dass die offiziell registrierten Diebstähle ihrer Tochter sich ungünstig darauf auswirken könnten, wie das Jugendamt die Familie – bei der seit kurzem ein Pflegekind lebt – beurteilt. Für die Kinder haben diese Befürchtungen keinen erkennbaren Stellenwert, so dass unterschiedliche Darstellungen in diesen Fällen durch die *unterschiedliche Relevanz* delinquenten Verhaltens geprägt sein dürften.

Um weitere Aufschlüsse darüber zu erhalten, warum in einigen Fällen Übereinstimmung und in anderen Diskrepanzen dominieren, kann es hilfreich sein, mögliche Bedingungen für diese Diskrepanzen in die Betrachtung einzubeziehen: Delinquenzbelastung und die psychosoziale Qualität des Familienlebens.[7] So kann angenommen werden, dass bei höherer Delinquenzbelastung eher Diskrepanzen festzustellen sind, da wir es dann mit komplexeren Sachverhalten zu tun haben, die teilweise erhebliche Brisanz bergen können. Andererseits könnten Diskrepanzen durch die psychosozialen Belastungen des Familienlebens zunehmen, weil z.B. heftige Konflikte zwischen den Eltern oder das Fehlen gemeinsamer Aktivitäten von Eltern und Kindern die innerfamiliale Verständigung beeinträchtigen und zur Ausprägung unterschiedlicher Sichtweisen beitragen könnten – so wie aus dem Kontext einer schwedischen Studie berichtet wird, dass unterschiedliche Einschätzungen dann besonders ausgeprägt sind, wenn von Spannungen in der Familie berichtet wird (vgl. Alt/Beisenherz 2003: 3; Jonsson/Östberg 2003: Tabelle V). In diesen Fällen – so kann angenommen werden – fehlt es an Kommunikation zwischen den Beteiligten (McCarthy et al. 2003: 15) und es kann keine gemeinsame Definition der Situation erarbeitet werden (Matsueda/Heimer 1997: 177). Diese erwartbaren Zusammenhänge zeigten sich in unserem Material allerdings nur in der Hälfte der Fälle. In fünf anderen Fällen sind erhebliche Diskrepanzen zwischen elterlicher und kindlicher Sichtweise in solchen Familien festzustellen, deren Schilderungen nicht auf besondere psychosoziale Belastungen schließen lassen und deren Kinder lediglich durch Bagatelldelikte polizeilich auffällig geworden sind.

Einer dieser »negativen« – d.h. unseren Erwartungen widersprechenden – Fälle ist besonders bemerkenswert, da hier ein grundsätzlich förderliches Familienklima und eine äußerst geringe Delinquenzbelastung des Sohnes beschrieben werden. Diskrepanzen zwischen den Schilderungen von Mutter und Sohn beschränken sich dabei auf die familiale Delinquenzbearbeitung, während sie in anderen Aspekten weitgehend übereinstimmen. Dieser Fall soll nun eingehender betrachtet werden, um mehr über die Hintergründe diskrepanter Schilderungen zu erfahren.

Der Fall »Kerim«

Kerim, zum Zeitpunkt der Interviews 12 Jahre alt, lebt mit seinen Eltern und seinem jüngeren Bruder in einer ostdeutschen Großstadt. Interviews konnten mit Kerim und seiner Mutter geführt werden. Beide berichten übereinstimmend von zwei Gelegenheiten, bei denen er offiziell auffällig wurde: Er war dabei, als Freunde Jojos in einem Kaufhaus gestohlen haben, wusste über die geplanten Diebstähle selbst jedoch nicht Bescheid, hat sich dann auch nicht rechtzeitig entfernt und wurde als einziger erwischt, festgehalten und bei der Polizei angezeigt. Die Polizeibeamten bringen ihn anschließend nach Hause. Einige Monate später ist Kerim zusammen mit einem Freund auf dessen Vorschlag hin in ein leer stehendes Gebäude eingestiegen, um dort herumzustöbern und nach Pfandflaschen zu suchen. Vom Wachschutz wurden die Jungen überrascht und unter dem später nicht bestätigten Verdacht, Sachbeschädigungen verübt zu haben, der Polizei übergeben. Auf der Polizeiwache schreibt Kerim einen Bericht über den Vorfall und wird dann von seiner Mutter abgeholt. Die Vorfälle werden an das zuständige Jugendamt gemeldet und für den ersten Vorfall wird eine Straf- oder Bearbeitungsgebühr von 50 DM erhoben. Damit sind die beiden Delikte offiziell abgeschlossen; weder Kerim noch seine Mutter berichten von weiteren Interventionen. In der Familie haben die Delikte allerdings ein Nachspiel. Kerim berichtet, die Mutter habe mit ihm geschimpft. Schlimmer sei allerdings gewesen, dass es vom Vati »Krach« gegeben habe, d. h. der habe ihn so richtig ausgeschimpft und für den Wiederholungsfall angedroht, ihn nach Algerien zu schicken – Kerim erklärt, sein Vater sei Ausländer und möge es nicht, wenn man klaut. Von der zweiten Anzeige wisse der Vater noch gar nichts, allerdings habe die Mutter ihm bereits auf der Polizeiwache versichert, ihn ein drittes Mal nicht nach Hause zu holen, sondern ins Heim zu stecken. Darüber hinaus berichtet er von zwei- bis dreiwöchigem Stubenarrest und davon, zeitweise kein Essensgeld mehr bekommen zu haben.

Kerims Mutter bestätigt die Darstellung ihres Sohnes, die angesicht ihres eigenen Berichts allerdings unvollständig erscheint. Nach Angaben der Mutter wurde Kerim von seinem Vater im Rahmen der Aussprache nach dem vermeintlichen Ladendiebstahl auch »tüchtig verwackelt«, d. h. geschlagen, und aus der Wohnung der Familie verbannt, wobei er keine Kleider und auch sonst nichts mitnehmen durfte. Sie, die Mutter, habe den Sohn daraufhin ohne Wissen des Vaters bei ihrer Schwester untergebracht und ihm heimlich einige Dinge zum Anziehen zugesteckt. In der Folgezeit habe der Vater sich geweigert, auf Annäherungs- und Kontaktversuche seines Sohnes zu reagieren. Die Lage spitzte sich zu: Kerims Leistungen in der Schule lassen merklich nach, so dass die Lehrerin sich einschaltet und von der Mutter informiert wird; zwischen den Eheleuten kommt es zu offenen Auseinandersetzungen – ein »tüchtiges Theater« sei das gewesen, so dass auch der jüngere Bruder Vermittlungsversuche unternommen habe und abends viel weinte; sie selbst habe in dieser Zeit alle Annäherungsversuche ihres Mannes zurückgewiesen (»da war ne richtig große Mauer zwischen uns«) – mit dem Hinweis, er bräuchte sich bei ihr nicht einzuschleimen, Kerim sei auch ihr Sohn und wer dies nicht akzeptiere, müsse gehen. Der Vater habe nach zwei Wochen dann eingelenkt und den Kontakt zu seinem Sohn gesucht, der davon aber zunächst nichts wissen wollte und sich verweigerte. Schließlich habe sie ihrem Mann gesagt, wo er den Sohn finden könne, worauf dieser zu Kerims Tante gefahren ist, sich mit dem Sohn ausgesprochen und ihn nach Hause gebracht habe. Als Kerim zum zweiten Mal polizeiauffällig wurde, habe sie dann alles versucht, um eine ähnliche Eskalation oder weitere Vorfälle zu verhindern: Ihrem Sohn habe sie bereits auf der Polizeiwache eine »gepfeffert« und zusammen mit der Lehrerin ein rigides Kontrollsystem etabliert, so dass Kerim keinerlei Freiräume und Gelegenheiten zum Fehlverhalten mehr hatte.

Während Mutter und Sohn die Delinquenzvorfälle ganz ähnlich darstellen, unterscheiden sich ihre Versionen der Bearbeitung bzw. der Folgen des kindlichen »Fehlverhaltens« erheblich voneinander. Bei genauerer Betrachtung wird deutlich, dass Kerim im Interview verschiedentlich Gelegenheit hatte, ausführlicher darzustellen, was er z. B. damit meint, es habe »Krach vom Vati« gegeben. Warum ergreift er diese Gelegenheit nicht und warum nutzt seine Mutter das Interview zu einer vergleichsweise ausgiebigen Schilderung? Aufschlussreich ist in diesem Zusammenhang eine eingehendere Betrachtung der beiden Perspektiven.

Zunächst zur Mutter: Für sie stellt der Rauswurf Kerims gewissermaßen eine Wiederholung der eigenen Geschichte dar. Als junge Frau wurde sie von ihrem Vater aus dem Haus gewiesen, nachdem diesem klar geworden war, dass sie mit einem Ausländer liiert ist und von diesem ein Kind erwartet. Auch sie hat dann – wie Kerim – bei ihrer Schwester Aufnahme gefunden. Dies geschah damals im Kontext der DDR, d. h. nach der Heirat mit einem Mann aus dem kapitalistischen Ausland mussten dann auch Kerim und seine Mutter das Land verlassen und sind für einige Jahre nach Algerien übergesiedelt, wo sie bei Kerims Vater und seiner Familie wohnten. Kerims Mutter und ihre Familie war den in solchen Fällen üblichen Schikanen ausgesetzt: Parteiausschluss, Degradierung der Eltern im beruflichen Bereich, erzwungener Studienabbruch der Schwester. Vor dem Hintergrund der eigenen Erfahrungen macht die Mutter einerseits plausibel, dass sie sich energisch für ihr verstoßenes Kind eingesetzt und zur Rückführung in die Familie beigetragen hat. Andererseits hat sie die Verbannung des eigenen Sohnes geduldet und eventuell nicht alle Möglichkeiten ausgeschöpft, diese schnell zu beenden – so hat sie Kerim während der väterlichen Abwesenheit nicht nach Hause zurückgeholt:

> Wir haben versucht uns auszusprechen, wir hatten aber nicht viel Zeit, mein Mann musste dann wieder auf Montage. Er hat sich dann auf Arbeit wahrscheinlich beim Kollegen ausgesprochen. (…) Er kam dann das andere Wochen-

ende nach Hause und hatte eben dann versucht das wieder vom Betragen her, vom Ton her einzurenken. (...) Und er hat dann versucht, von der Arbeit aus die Woche über ihn zu erreichen. (...) und dann wo er da war, hab ich gesagt: »Du kannst mal bei meiner Schwester probieren«. Ich sage: »Geh hin, hol deinen Sohn«.

Gemäß dieser Darstellung war Kerims Vater damals nur am Wochenende zu Hause, da er während der Woche mehrere hundert Kilometer entfernt seiner Arbeit nachging – so wie er dies sonst auch tut. Demzufolge hätte er also nur begrenzte Möglichkeit gehabt, die Verbannung des Sohnes gegen Widerstand aufrechtzuerhalten[8] – zumal Kerims Mutter im Interview verschiedentlich zu erkennen gibt, dass sie sich nicht scheut, ihre Ansprüche und Vorstellungen gegenüber ihrem Mann zu artikulieren und durchzusetzen. Wenn sie ihren Sohn ungeachtet der väterlichen Abwesenheit nicht besucht und nicht nach Hause geholt hat, dann lässt sich begründet vermuten, dass sie die Verbannung ihres Sohnes mitgetragen und aktiv aufrechterhalten hat. Ihre widersprüchlichen Angaben zu den damaligen Ereignissen verweisen auf vielschichtige Interessen, die ihre ambivalente Haltung plausibel machen: Einerseits trägt sie dazu bei, dass Kerim etwas Ähnliches erlebt wie sie selbst, andererseits ist sie daran interessiert, dass Kerim keine unnötigen Strafen zu erleiden hat und durch eine Versöhnung mit dem Vater wieder in die Familie zurückkehren kann. Die Bearbeitung von Kerims Delinquenz steht für seine Mutter damit offenbar auch im Kontext ihrer eigenen Erfahrungen. Es ist deswegen auch nicht verwunderlich, dass sie sich in dieser durch eigene Verwicklungen gekennzeichneten Situation eine Vertrauensperson sucht, die ganz ähnliche Erfahrungen gemacht hat.

> Das ist nicht einfach, weil ich habs, ich musste mich aussprechen. Das war mit meiner Mutti, das, also, das musst ich irgendwo loswerden. Und sie hat mir eben auch geraten, am besten nichts zu sagen, weil sie von dem Theater eben wusste. Und mein Vati weiß es eben auch nicht, also, er muss es auch nicht wissen. Und da versuchen wir das eben, dass wir das irgendwie so vorsichtig untern Tisch kehren.

Zusammen mit der Großmutter entwickelt Kerims Mutter eine Strategie, durch die sowohl Kerims Vater als auch der Großvater von der weiteren Bearbeitung der Delinquenz Kerims ausgeschlossen werden. Mit dem Großvater wird derjenige ausgeschlossen, der die Mutter damals aus dem Haus geworfen hat. An anderer Stelle ergänzt sie, mit Männern könne sie »nicht so darüber reden«, da sie die Fehler, die sie selbst gemacht hätten, nicht zugeben würden – ein weiteres

Indiz dafür, dass es ihr auch um Bearbeitung der eigenen Erfahrungen geht. Die von Mutter und Großmutter gewählte Strategie besteht darin, »das« unter den »Tisch« zu kehren. Nimmt man diesen Versprecher ernst, kann auch er als Indiz dafür gewertet werden, dass »das« so umfassend ist – weil es auch die Erfahrungen von Kerims Mutter beinhaltet –, dass es unter dem Teppich keinen Platz hat, sondern allenfalls unter den »Tisch« passt.

Kerim selbst präsentiert eine im Vergleich zu seiner Mutter sehr spärliche Version dessen, was in der Folge des Delinquenzgeschehens passiert. Dies wirkt vor dem Hintergrund seines Umgangs mit schwierigen Erfahrungen in der Familie plausibel. In seiner Erzählung liefert er Indizien dafür, dass er z. B. physische Bestrafungen durch seine Eltern klaglos erträgt: »Weh tut es schon, aber ich lass es mir nicht anmerken«. Während Kerim im Zusammenhang mit Familienangelegenheiten Kummer und Schmerzen nur in kleinen, versteckten Bemerkungen andeutet, beschreibt er Kummer in einem anderen Kontext explizit.

> (I: Und z. B., wenn du irgendwelche Sorgen hast oder Kummer?) Da geh ich zu meiner Mutti, ja, die hilft dann immer. (I: Ja. Kannst du mal so erzählen, vielleicht fällt dir was ein aus der letzten Zeit, was da.. was da mal war?) Ach nee, da fällt mir eigentlich nichts ein. Bis jetzt hab ich.. bis jetzt hab ich noch keinen Kummer mehr gehabt eigentlich. Mein Bruder auch nicht, also, nee, bis jetzt noch nicht. (.) Do.. doch, da hab ich, äh, vor paar Monaten, da ist, da hat, ist ein Fisch einfach aus meinem Aquarium weggewesen, der war dann nicht mehr da. Aber ich hoffe, dass wir den jetzt beim Umzug irgendwo finden. Der war einfach nicht mehr da. Das war einer der ersten Fische. (.) (I: Wie, was meinst du, beim Umzug finden //) Na, vielleicht ist er rausgesprungen und da liegt der jetzt irgendwo. (I: Und was hast du da gemacht?) Da habe ich auch geweint, bin zu meiner Mutti gegangen, hab der gesagt, dass mir hier ein Fische fehlt. Und sie hats mir erst gar nicht geglaubt, weil, da sind zwei drinne, die sehen genauso aus wie er. (...) Ja, also ich hab auch geweint nen Abend, ich habs meiner Mutti auch tausendmal gesagt, aber die hat mir nicht geglaubt, weil, da hatte ich auch einen drinne, der sah genauso aus, also, da gabs keinen Unterschied.

Während er nicht berichtet, dass er selbst von seinem Vater gewissermaßen »aus dem Nest geworfen« wurde, thematisiert er im Zusammenhang mit dem verlorenen Fisch und dem ausbleibenden Trost seinen Kummer explizit. Auch eine zweite Passage, in der er erwähnt, geweint zu haben, steht mit dem Verlust eines Haustieres in Verbindung: Er musste ein kleines Meerschweinchen gegen seinen Willen weggeben. Diese sehr emotional beschriebenen Erlebnisse im Zusammenhang des Verlustes von Haustieren können als kleine, verschlüsselte Hinweise auf Erlebnisse gedeutet werden, die er nicht als eigene Leidens-Erfahrungen thematisieren kann. Hilfe und Trost findet Kerim gemäß seiner Schilderung vor allem bei seiner Mutter, während er seinen Vater eher im Zusammenhang mit Bestrafungen nennt. Sanktionen und Strafen, die Kerim in der Folge seiner Delinquenz nennt, sind das »richtige Ausschimpfen« durch den Vater sowie zwei bis drei Wochen Hausarrest. Wie hat er diese Sanktionen nun erlebt? Zum Hausarrest führt er zunächst aus, dies habe ihm nicht viel ausgemacht, da er ohnehin nicht oft aus dem Haus gehe. In einer späteren Passage widerspricht er dieser Bewertung: Die ihm auferlegten Strafen seien »schon schlimm« gewesen, hätten für ihn aber keine »Nachfolgen« gehabt. Aufschlussreich ist, wie Kerim dann fortfährt:

> Hm. Also, ich würds auch nicht mehr machen, nee. (..) Ich verliere dann auch dann das Vertrauen zu meinen Eltern dann. Das hat aber auch keinen Sinn. (I: Du verlierst das Vertrauen zu deinen Eltern?) Ja, das hat dann (.) also, die vertrauen mir dann nicht mehr, wenn ich was sag oder so. Die denken dann ich lüge oder so was. (I: Hast du schon mal das Gefühl gehabt, dass sie denken, du lügst oder dass sie dir nicht mehr vertrauen?) Nö, noch nicht. Noch nicht. Ich wills auch nicht hoffen. (I: Und haben sie das mal gesagt, dass sie das Vertrauen in dich verlieren, wenn du weitermachst?) Nee, aber ich kanns mir denken. (I: Sag mal, und.. und umgekehrt, hast du schon mal das Gefühl gehabt, ich kann meinen Eltern nicht mehr trauen oder ich kann denen nicht alles erzählen oder so was?) Nö. Bis jetzt hab ich eigentlich alles meiner Mutti gesagt.

In Bezug auf den Vertrauensverlust vollzieht Kerim in dieser Passage eine interessante Wendung. Gemäß seiner ersten Formulierung verliert er das Vertrauen in seine Eltern – wofür die harten Sanktionen des Vaters und die undurchsichtige, widersprüchliche Haltung seiner Mutter plausible Hintergründe böten. Auf Nachfragen korrigiert er sich in der Weise, nicht er sondern seine Eltern könnten das Vertrauen in ihn verlieren – wofür er allerdings weder Gründe noch Indizien nennt. Ungeachtet seiner geringen Vergehen stilisiert er sich zum Vertrauensrisiko, was vor dem Hintergrund seiner aktuellen Erfahrungen keinen Sinn macht, sondern nur dann, wenn auch für Kerim die früheren Erfahrungen der Mutter relevant wären. Auch wenn er das damalige Geschehen nicht überblickt, ist er jedoch darin verstrickt – seine Geburt war schließlich der Auslöser dafür, dass seine Mutter vom Großvater aus dem Haus gewiesen wurde. Ist es möglich, dass er die Verantwortung dafür übernimmt und so das Vertrauensverhältnis zu seiner Mutter sichert? Wenn die Sanktionierung seines delinquenten Verhaltens nur vor dem Hintergrund fremder Erfahrungen sinnvoll ist, für die

Peter Rieker

er aus Vertrauens- und Loyalitätsgründen die Verantwortung übernimmt ohne sie zu überblicken, wäre es plausibel, dass er Teile dieser Sanktionierung bei seiner Schilderung ausspart – auch wenn er auf diese Weise einen Teil der eigenen Erfahrung ausblendet.

Im Fall Kerims wird deutlich, dass die Berücksichtigung verschiedener Perspektiven und der Diskrepanzen zwischen ihnen für versteckte Hinweise und Signale sensibilisieren kann. Auf diese Weise erhält man interessante Ansatzpunkte für die Analyse spezifischer Qualitäten subjektiver Perspektiven. Vor dem Hintergrund der mütterlichen Darstellung kann angenommen werden, dass Kerim familiale Belastungen durch die Ausblendung problematischer Aspekte und mittels Haustieren als Stellvertreter thematisiert. Im Vergleich zu Kerims Präsentation liefert die mütterliche Darstellung Hinweise darauf, dass sie im Kontext der familialen Bearbeitung kindlicher Delinquenz einen Teil ihrer eigenen Geschichte aktualisiert und durch ihren Sohn (als Stellvertreter) bearbeitet. Kerim kann die Geschehnisse, um deren Bearbeitung es seiner Mutter geht, nicht überblicken, er scheint jedoch darin verstrickt und übernimmt in diesem Zusammenhang Verantwortung. Damit liefert der Perspektivenvergleich Ansatzpunkte für die Verschränkung der einzelnen Sichtweisen und ihrer Präsentation: Kerim spart die Aspekte der familialen Delinquenzbearbeitung aus, die nur im Kontext der mütterlichen Erfahrungen Sinn machen und die er selbst nicht sinnvoll integrieren kann.

Die Parallelen zwischen mütterlichen und kindlichen Erlebnissen sowie die Verschränkung der einzelnen Perspektiven liefern Hinweise darauf, dass für die Einschätzung und Bearbeitung kindlicher Delinquenz nicht nur die von den Befragten geäußerten Kontexte relevant sein können, sondern auch solche Erfahrungen, die nicht selbst erlebt wurden bzw. Jahre zurückliegen und auf den ersten Blick gar nichts mit dem aktuellen Geschehen zu tun haben. Auch in anderen Fällen unserer Untersuchung liefern fallbezogene Triangulationen Hinweise auf spezifische subjektive Relevanzen, Verarbeitungsweisen und -kontexte. Die Konfrontation mit dem Verhalten der Kinder weckt im Rahmen anderer Fälle u.a. Assoziationen an Gefängnis- und Heimaufenthalte oder Erfahrungen in früheren sozialen Beziehungen der Eltern und trägt dadurch zu besonderen Reaktionen und zu besonderen Sichtweisen bei, die sich von denen der Kinder unterscheiden. Ohne gründliche Analyse dieser Hintergründe können die Diskrepanzen und Verstrickungen zwischen verschiedenen subjektiven Sichtweisen sowie deren Auswirkungen auf das Handeln der Beteiligten nur unvollständig verstanden werden. Zum Erkenntnisgewinn tragen aber nicht nur Diskrepanzen, sondern auch Übereinstimmungen bei. Beschreibungen und Bewertungen von Kindern sind in einigen Fällen für sich genommen nicht plausibel, sondern können erst unter Hinzuziehung der elterlichen Perspektive verstanden werden: Kinder haben auch in diesen Fällen Aspekte der elterlichen Sichtweise übernommen, aber nicht konsistent integriert.[9]

5. Triangulation subjektiver Perspektiven: Fragen und Ergebnisse

Im vorliegenden Beitrag werden subjektive Perspektiven von Eltern und Kindern aufeinander bezogen, um zusätzliche Erkenntnisse zum Verständnis und zum Umgang mit kindlicher Delinquenz in der Familie zu erlangen. Dabei soll außerdem geklärt werden, welche Chancen und Schwierigkeiten die Triangulation subjektiver Perspektiven aus methodischer Sicht birgt. Die inhaltlichen und methodischen Ergebnisse dieser Untersuchung sind eng miteinander verbunden und nicht immer klar zu trennen, dennoch wird hier zunächst auf die primär inhaltlichen und anschließend auf die methodischen Implikationen unserer Analyse eingegangen. Dabei ist zu berücksichtigen, dass die hier erzielten Befunde sich auf eine spezielle Untersuchungsgruppe beziehen. Einbezogen wurden Familien, die ein breites Spektrum familialer Bedingungen und Konstellationen repräsentieren, in denen Kinder leben, die ganz unterschiedliche Delinquenzbelastungen aufweisen und die auch in Hinblick auf die Delinquenz-Bearbeitung markante Unterschiede aufweisen: Beteiligt waren sowohl Familien, die eigenständig und kompetent agieren, als auch solche, die zum Teil massive Unterstützung durch die Jugendhilfe in Anspruch nehmen, d.h. die eine gewisse Problembelastung und erheblichen Hilfebedarf signalisieren. Obwohl sich keine markanten Zusammenhänge zwischen diesen unterschiedlichen Bedingungen und den inhaltlichen Dimensionen unserer Analyse zeigen, müssen die Besonderheiten der Untersuchungsgruppe bei der Generalisierung der hier erzielten Ergebnisse in Rechnung gestellt werden.

Stellt man verschiedene Generationen ins Zentrum der Betrachtung, können Beobachtungen aus anderen Forschungen bestätigt und in Bezug auf unser Untersuchungsthema spezifiziert werden. Es zeigen sich Ansatzpunkte dafür, dass Eltern und Kinder hinsichtlich der Bearbeitung kindlicher Delinquenz vor allem den jeweils eigenen Einfluss betonen – so wie dies an anderer Stelle für das Familienleben generell festgestellt wurde (vgl. Holland et al. 1996; Jessop 1981) – und dass Kinder sich auch auf die Normen der Gleichaltrigen beziehen (Smetana 1994). Die Peergroup hat in den Augen der Beteiligten unterschiedlichen Stellen-

Peter Rieker

wert: Für die Eltern sind die Gleichaltrigen im Kontext delinquenten Verhaltens vor allem negativ konnotiert und werden als Drahtzieher oder Anstifter dargestellt, während sie für die Kinder auch eine zentrale Instanz für die produktive Delinquenzbearbeitung darstellen. In die Forschung zu delinquentem Verhalten fand bisher lediglich eine der Elternsicht entsprechende Sichtweise Eingang (vgl. Lösel/Bliesener 2003; Schwarz/Silbereisen 1998), was als Ausdruck ihrer Erwachsenenzentriertheit gewertet werden kann. Nicht ausreichend berücksichtigt wurde bislang, dass Kinder miteinander Normen und eine komplexe Sanktionspraxis entwickeln können (vgl. Oswald 1990), so dass in Bezug auf delinquentes Verhalten nicht nur Erwachsene eine Korrekturfunktion haben können.

Andere Tendenzen, die aus einigen Forschungsarbeiten abgeleitet werden, zeigen sich in unserer Untersuchung hingegen nicht – weder dass Eltern im Durchschnitt positivere Einschätzungen zu den familialen Beziehungen äußern (Giarrusso et al. 1995; Lettke 2002), noch dass sie eher zu sozial erwünschten Antworten neigen als Kinder oder Jugendliche (McCarthy et al. 2003). Sowohl bei einzelnen Eltern als auch bei einzelnen Kindern konnten wir Tendenzen zu vergleichsweise beschönigenden, an Standards sozialer Erwünschtheit orientierten Darstellungen feststellen.[10] Auf Grundlage der vorliegenden Untersuchung lässt sich nicht entscheiden, ob differierende Schilderungen von Eltern und Kindern mit entwicklungspsychologischen Aspekten in Zusammenhang stehen (vgl. Sturzbecher et al. 2000). Allerdings zeigt sich, dass kindliche Delinquenz von Eltern und Kindern auf unterschiedliche Weise thematisiert wird: Eltern präsentieren sich wesentlich begründungsfreudiger in Hinblick auf das Fehlverhalten ihrer Kinder, wobei sie sich auch auf medizinisches, psychologisches und soziologisches Expertenwissen beziehen. Kinder argumentieren stärker lebenswelt- und bedürfnisorientiert und verweisen auf die Normalität abweichenden Verhaltens.

Im Rahmen der fallbezogenen Betrachtung zu den Perspektiven von Eltern und Kindern in Bezug auf kindliche Delinquenz und deren familiale Bearbeitung wurde ein breites Spektrum an Konstellationen deutlich, das hinsichtlich der berichteten Verläufe von grundsätzlicher Übereinstimmung bis hin zu teilweise ausgeprägten Diskrepanzen reicht. Nicht bestätigt hat sich die Erwartung, dass Diskrepanzen zwischen elterlicher und kindlicher Sichtweise verstärkt in solchen Fällen festzustellen sind, in denen Hinweise auf psychosoziale Belastungen des Familienlebens und ein komplexeres Delinquenzgeschehen vorliegen. Diskrepante Schilderungen im Interview erwiesen sich in diesem Zusammenhang damit nicht unbedingt als Indiz für problematische Beziehungen in der Familie (Jonsson/Östberg 2003) und für fehlende Kommunikation zwischen Eltern und Kindern (McCathy 2003: 15). Offenbar können die auf die Bearbeitung kindlicher Delinquenz gerichteten Aushandlungsprozesse in der Familie auch dann erfolgreich sein, wenn Eltern und Kinder unterschiedliche Sichtweisen haben und diese auch beibehalten – d.h. auch dann, wenn nicht unbedingt von einer gemeinsam erarbeiteten Definition der Situation ausgegangen werden kann (Matsueda/ Heimer 1997: 177). Verantwortlich für diese Diskrepanzen sind neben unterschiedlichen Informationsgrundlagen – d.h. Kinder haben ihren Eltern nicht alles erzählt – vor allem die jeweils spezifischen Interessen und Erfahrungshintergründe der Befragten. Im Zuge der Einzelfallanalyse wurde deutlich, dass die Beteiligten u.U. im Kontext verschiedener Vorkommnisse agieren und von unterschiedlichen Interessen bestimmt sein können.

Die subjektiven Perspektiven, aus denen heraus die Bearbeitung und die Folgen kindlicher Delinquenz verständlich werden, sind aber nicht nur Ausdruck individueller Erfahrungshintergründe, sondern werden in der wechselseitigen Interaktion der Familienmitglieder miteinander entwickelt und sind in diesen Interaktionen verankert. Dabei geben die innerhalb einer Familie mitunter ganz ähnlichen Bearbeitungsformen Hinweise auf die Dynamik familialer Bearbeitungsprozesse oder auf Muster der Konfliktlösung, die offensichtlich in der Familienkommunikation verankert sind. Solche Muster sind z.B. dann auszumachen, wenn verschiedene Familienmitglieder jeweils externe Schuldige benennen, wenn beide Seiten ihre eigene Verantwortlichkeit herausstellen oder wenn die Vorfälle in ihrer Bedeutung übereinstimmend heruntergespielt werden. Aber auch wenn Eltern und Kinder unterschiedliche Sachverhalte präsentieren, kann dies nicht nur ein Hinweis auf fehlende oder unzulängliche Kommunikation sein, sondern auch auf gemeinsame Prozesse verweisen, die wie etwa im Fall Kerim mit der Übertragung unausgesprochener Gefühle (z.B. Schuld oder Verantwortung) in Zusammenhang stehen.

Hinweise auf methodische Probleme mangelnder Standardisierung – die an anderer Stelle für Diskrepanzen zwischen Eltern- und Kinderperspektive verantwortlich gemacht werden (Sturzbecher et al. 2000) – führen im Zusammenhang unserer Untersuchung nicht weiter. Unterschiedliche Erhebungsinstrumente, Versuchsleitereffekte und situationsabhängige Antworten können zwar nicht ausgeschlossen werden, doch gelten sie in der qualitativen Forschung weniger als Problem, sondern vor allem als spezifische Ressource, die freilich erschlossen und reflektiert werden muss. In diesem Zusammenhang muss die »schräge« Ausgangslage unserer Untersuchung berücksichtigt werden. Thematischer Fokus waren die Verfehlungen der Kinder. Während die Eltern sich darauf beschränken konnten, über die Kinder und deren Probleme zu berichten, hatten die Kinder eine schwierigere Ausgangssituation, da die Interviews vor allem die Schwierigkeiten thematisierten, für die sie selbst verantwortlich gemacht werden (vgl. Rieker 2002: 503ff.). Da unterschiedliche Grade persönlicher Betroffenheit subjektive Perspektiven maßgeblich prägen, müssen sie bei einem Vergleich berücksichtigt werden.

In methodischer Hinsicht lassen sich aus den vorgestellten Ergebnissen verschiedene Schlussfolgerungen zu den Voraussetzungen und Potenzialen der Triangulation subjektiver Perspektiven ziehen. Die bislang vorherrschende, relativ grobe Unterscheidung in Übereinstimmung und Diskrepanz kann nur erste Hinweise auf die Verlässlichkeit oder Qualität des Datenmaterials geben. Diskrepanzen oder Übereinstimmung zwischen unterschiedlichen Perspektiven können Ansatzpunkte für eine genauere Betrachtung und Anregungen zur Klärung weiterführender Fragen liefern: In welchen Aspekten unterscheiden sich die einzelnen Perspektiven, in welchen ähneln sie sich? Wie konsistent sind die einzelnen Perspektiven und welche Widersprüche weisen sie auf? Welche Relevanz haben bestimmte Sachverhalte oder Vorgänge für die Beteiligten? An welchen Stellen sind die subjektiven Sichtweisen miteinander verknüpft, aufeinander bezogen oder aneinander entwickelt? Welche Hinweise auf die Dynamik sozialer Interaktion lassen sich auf dieser Grundlage erkennen?

Die fallbezogene Betrachtungsweise hat aber auch deutliche Hinweise auf die Grenzen der Triangulation subjektiver Perspektiven geliefert. Im Fall diskrepanter Darstellungen verfügen wir zunächst nicht über verlässliche Indikatoren dafür, ob die Einzelperspektiven auf die gleichen Informationsgrundlagen zurückgreifen, ob sich überhaupt auf identische oder vergleichbare Sachverhalte bezogen wird und welchen Stellenwert die jeweiligen Sachverhalte für die Beteiligten haben. Dies gilt auch für übereinstimmende Angaben, die keine Gewähr dafür bieten, dass tatsächlich dasselbe gemeint ist. Es ist daher notwendig, in Hinblick auf den jeweiligen Forschungsfokus die jeweils spezifischen Bezüge der Beteiligten zu analysieren und für die Triangulation subjektiver Perspektiven fruchtbar zu machen.

Welchen Beitrag kann die Einbeziehung verschiedener Perspektiven zur Validierung von Forschungsbefunden leisten? Das Datenmaterial liefert Anhaltspunkte dafür, dass diskrepante Angaben in erster Linie nicht durch bewusste Falschaussagen der Beteiligten zustande kommen. Es erscheint daher auch nicht angebracht, die einzelnen Perspektiven nach der Logik eines polizeilichen Verhörs zu vergleichen und aufeinander zu beziehen, um so die tatsächlichen Sachverhalte zu ermitteln. Darüber hinaus wurde vor allem im Rahmen der fallbezogenen Analysen deutlich, dass fehlende Übereinstimmung zwischen den Schilderungen einzelner Familienmitglieder mit unterschiedlichen Informationsständen zusammenhängen, aber auch mit den unterschiedlichen Erfahrungshintergründen, Interessen und Relevanzsetzungen der Beteiligten verknüpft sind. Diese jeweils individuellen Hintergründe, Interessen und Relevanzen tragen entscheidend dazu bei, dass sich die einzelnen Darstellungen streng genommen sogar auf unterschiedliche Sachverhalte beziehen können und deswegen nur bedingt miteinander vergleichbar sind. Allerdings können die Perspektiven der Beteiligten, die in interaktiven Prozessen soziale Wirklichkeit konstituieren (Strübing 2002: 339), für sich und in ihrem Zusammenspiel rekonstruiert werden. Wenn es gelingt, die einzelnen Perspektiven im Kontext ihrer interaktiven Verflechtungen zu rekonstruieren und sie auf diese Weise intersubjektiv zu kontextualisieren, dann erreicht eine Analyse nicht nur größere Breite und Tiefe, sondern kann – im Sinne einer wechselseitigen Kommentierung und Erläuterung – auch als Validierung der Rekonstruktion von Einzelperspektiven verstanden werden. Um die spezifischen Potenziale der Triangulation subjektiver Perspektiven weiter ausloten und die damit verbunden Fragen beantworten zu können, wäre es allerdings notwendig, verschiedene Varianten systematisch zu unterscheiden, sie methodisch sorgfältig zu realisieren und die erzielten Erkenntnisse zu dokumentieren.

Literatur

Albrecht, G. (2002): Soziologische Erklärungsansätze individueller Gewalt und ihre empirische Bewährung. In: Heitmeyer, Wilhelm; Hagan, John (Hg.): Internationales Handbuch der Gewaltforschung. Wiesbaden (Westdeutscher Verlag), S. 763–818.
Alt, Ch.; Beisenherz, G. (2003): Internationale Forschung zu Lebenslagen von Kindern. DJI Bulletin 63(3).
Becker, H.S.; Geer, B. (1979): Teilnehmende Beobachtung: Die Analyse qualitativer Forschungsergebnisse. In: Hopf, Ch.; Weingarten, E. (Hg.): Qualitative Sozialforschung. Stuttgart (Klett–Cotta), S. 139–166.
Blaikie, N.W. (1991): A critique of the use of triangulation in social research. Quality and Quantity 25, 115–136.
Brody, L.R. (1985): Gender differences in emotional development: A new review of theories and research. Journal of Personality 53, 102–159.
Denzin, N.K. (1978): The research act. A theoretical introduction to sociological methods. New York (McGraw).

Denzin, N.K.; Lincoln, Y.S. (Hg.) (2000): Handbook of qualitative research. Thousand Oaks, CA (Sage).
Diekmann, A. (2002): Empirische Sozialforschung. Grundlagen, Methoden, Anwendungen. Reinbek bei Hamburg (Rowohlt).
Fielding, N.G.; Fielding, J.L. (1986): Linking data. Qualitative research methods. London (Sage).
Flick, U. (2000): Triangulation in der qualitativen Forschung. In: Flick, U.; v. Kardorff, E. & Steinke, I. (Hg.): Qualitative Forschung. Ein Handbuch. Reinbek bei Hamburg (Rowohlt), S. 309–318.
Giarusso, R.; Stallings, M. & Bengtson, V.L. (1995): The »intergenerational stake« hypothesis revisited. Parent-child differences in perceptions of relationships 20 years later. In: Bengtson, V.L.; Schaie, W.K. & Burton, L.M. (Hg.): Adult intergenerational relations. Effects of societal change. New York (Springer), S. 227–263.
Harris, J.R. (2000): Ist Erziehung sinnlos? Die Ohnmacht der Eltern. Reinbek bei Hamburg (Rowohlt).
Hermanns, H. (1991): Narratives Interview. In: Flick, U.; v. Kardorff, E.; Keupp, H.; v. Rosenstiel, L. & Wolff, S. (Hg.): Handbuch Qualitative Sozialforschung. München (Psychologie Verlags Union), S. 182–185.
Holland, J.; Mauthner, M. & Sharpe, S. (1996): Family matters: Communicating health messages in the family. London (Health Education Authority).
Hoops, S.; Permien, H. & Rieker, P. (2001): Zwischen null Toleranz und null Autorität. Strategien von Familien und Jugendhilfe im Umgang mit Kinderdelinquenz. München (DJI).
Hopf, Ch. (2000): Qualitative Interviews – ein Überblick. In: Flick, U.; von Kardorff, E. & Steinke, I. (Hg.): Qualitative Forschung. Ein Handbuch. Reinbek bei Hamburg (Rowohlt), S. 349–360.
Hutson, S.; Jenkins, R. (1989): Taking the strain: Families, unemployment and the transition to adulthood. Milton Keynes (Open University Press).
Jessop, D.J. (1981): Family relations as viewed by parents and adolescents: a specification. Journal of Marriage and the Family 43: 95–107.
Jonsson, J.O.; Östberg, V. (2003): The Swedish Child-LNU: A survey for studying young people's welfare. Unveröffentlichter Beitrag zum DJI-Workshop »Methods and Techniques in Child Research in International Comparison« vom 3.–6. April 2003 in Schloss Hohenkammer.
Lettke, F. (2002): Ambivalenz und empirische Sozialforschung. Zum Verstehen quantitativer Daten. Sozialer Sinn – Zeitschrift für hermeneutische Sozialforschung 3, 137–151.
Lewis, O. (1967): Die Kinder von Sánchez. Selbstporträt einer mexikanischen Familie. Frankfurt/M. (Fischer) (amerikanisches Original zuerst 1961).

Lösel, F.; Bliesener, T. (2003): Aggression und Delinquenz unter Jugendlichen. Untersuchungen von kognitiven und sozialen Bedingungen. München/Neuwied (Luchterhand).
Mansel, J.; Hurrelmann, K. (1998): Aggressives und delinquentes Verhalten Jugendlicher im Zeitvergleich. Befunde der Dunkelfeldforschung aus den Jahren 1988, 1990 und 1996. Kölner Zeitschrift für Soziologie und Sozialpsychologie 50, 78–109.
Matsueda, R.L.; Heimer, K. (1997): A symbolic interactionist theory of role-transitions, role-commitments, and delinquency. In: Thornberry, T.P. (Hg.): Developmental theories of crime an delinquency. New Brunswick (Transaction Publishers), S. 163–213.
McCarthy, J.R.; Holland, J. & Gillies, V. (2003): Multiple perspectives on the ‚family' lives of young people: methodological and theoretical issues in case study research. International Journal of Social Research Methodology 6(1), 1–23.
Moffitt, T.E. (1993): Adolescence-limited and life-course-persistent antisocial behavior: A developmental taxonomie. Psychological Review 100, 674–701.
Moffitt, T.E. (1997): Adolescence-limited and life-course-persistent offending: A complementary pair of developmental theories. In: Thornberry, T.P. (Hg.): Developmental theories of crime and delinquency. New Brunswick (Transaction Publishers), S. 11–54.
Oberwittler, D. (2003): Stadtstruktur, Feundeskreise und Delinquenz. Eine Mehrebenenanalyse zu sozialökologischen Konttexteffekten auf schwere Jugenddelinquenz. In: Oberwittler, D.; Karstedt, S. (Hg.): Soziologie der Kriminalität. Sonderheft 43, Kölner Zeitschrift für Soziologie und Sozialpsychologie, 135–170.
Oswald, H. (1990): Sanktionsprozesse unter Kindern. In: Oswald H. (Hg.): Macht und Recht. Opladen (Westdeutscher Verlag), S. 289–311.
Pahl, J.M. (1989): Money and Marriage. Basingstoke Hants (Macmillan).
Perlesz, A.; Lindsay, J. (2003): Methodological triangulation in researching families: Making sense of dissonant data. International Journal of Social Research Methodology 6(1), 25–40.
Raithel, J.; Mansel, J. (2003): Delinquenzbegünstigende Bedingungen in der Entwicklung Jugendlicher. In: Raithel, J.; Mansel, J. (Hg.): Kriminalität und Gewalt im Jugendalter. Hell- und Dunkelfeldbefunde im Vergleich. Weinheim/München (Juventa), 25–40.
Rieker, P. (2001): Bearbeitung kindlicher Delinquenz in der Familie. Zeitschrift für Soziologie der Erziehung und Sozialisation 21, 299–314.
Rieker, P. (2002): Eltern, Kind und Interview. Zu einigen methodischen Aspekten heikler Forschungsbeziehungen. In: Sozialer Sinn – Zeitschrift für hermeneutische Sozialforschung 3, 497–521.

Rosenthal, G. (1995): Erlebte und erzählte Lebensgeschichte. Gestalt und Struktur biographischer Selbstbeschreibung. Frankfurt/M./New York (Campus).
Sampson, R.J.; Laub, J.H. (1993): Crime in the making. Pathways and turning points through life. Cambridge, MA & London (Harvard University Press).
Schmidt, Ch. (1997): Am Material: Auswertungstechniken für Leitfadeninterviews. In: Friebertshäuser, B.; Prengel, A. (Hg.): Handbuch Qualitative Forschungsmethoden in den Erziehungswissenschaften. Weinheim/München (Juventa), S. 544–568.
Schnell, R.; Hill, P.B. & Esser, E. (1999): Methoden der empirischen Sozialforschung. 6., völlig überarbeitete und erweiterte Auflage. München/Wien (Oldenbourg).
Schründer-Lenzen, A. (1997): Triangulation und idealtypisches Verstehen in der (Re-) Konstruktion subjektiver Theorien. In: Friebertshäuser, B.; Prengel, A. (Hg.): Handbuch Qualitative Forschungsmethoden in den Erziehungswissenschaften. Weinheim/München (Juventa), S. 107–117.
Silbereisen, R.K.; Schwarz, B. (1998): Erziehungsstil der Eltern und Freundschaftsbeziehungen: Wie spielen sie bei deviantem Verhalten zusammen? In: Zinnecker, J.; Silbereisen, R.K. (Hg.): Kindheit in Deutschland. Aktueller Survey über Kinder und ihre Eltern. Weinheim/München (Juventa), S. 243–251.
Smetana, J.G. (1994): Conflict, conflict resolution, and responsibility in families with adolescents. In: Institut für angewandte Familien-, Kindheits- und Jugendforschung e.V. an der Universität Potsdam/Zentrum für Jugend- und Sozialisationsforschung der Universität Potsdam (Hg.): Dokumentation zur Internationalen Konferenz »Familie und Kindheit im Wandel«. Potsdam, 217–232.
Stecher, L.; Zinnecker, J. (1998): Kind oder Jugendlicher? Biographische Selbst- und Fremdwahrnehmung im Übergang. in: Zinnecker, J.; Silbereisen, R.K. (Hg.): Kindheit in Deutschland. Aktueller Survey über Kinder und ihre Eltern. Weinheim/München (Juventa), S. 175–191.
Strauss, A.L. (1994): Grundlagen qualitativer Sozialforschung. Datenanalyse und Theoriebildung in der empirischen soziologischen Forschung. München (Fink).
Strübing, J. (2002): Just do it? Zum Konzept der Herstellung und Sicherung von Qualität in grounded theory-basierten Forschungsarbeiten. Kölner Zeitschrift für Soziologie und Sozialpsychologie 54, 318–342.
Sturzbecher, D.; Langner, W. & Waltz, Ch. (2000): Wieviel Autonomie besitzen Kinder? Ein Vergleich der Perspektiven von Kindern und ihren Erziehungspersonen. In: Kuhn, H.-P.; Uhlendorf, H. & Krappmann, L. (Hg.): Sozialisation zur Mitbürgerlichkeit. Opladen (Leske & Budrich), S. 199–217.
Sutterlüty, F. (2004): Was ist eine »Gewaltkarriere«? Zeitschrift für Soziologie 33, 266–284.
Witzel, A. (1985): Das problemzentrierte Interview. In: Jüttemann, G. (Hg.): Qualitative Forschungsmethoden der Psychologie. Weinheim/Basel (Beltz), S. 227–255.

Anmerkungen

1 Das diesem Beitrag zugrunde gelegte Verständnis von Triangulation, bei dem es um die Berücksichtigung der subjektiven Perspektiven unterschiedlicher Befragter geht, ist nicht zu verwechseln mit der Kombination verschiedener Forschungsperspektiven, die Uwe Flick unter dem Begriff »Perspektiven-Triangulation« diskutiert (Flick 2000: 315f.).

2 Im Forschungsprojekt »Delinquenz von Kindern – eine Herausforderung für Familie, Jugendhilfe und Politik« arbeiteten Heike Förster, Sabrina Hoops, Hanna Permien, Gabriela Zink und der Verfasser dieses Beitrags am Deutschen Jugendinstitut in München und Leipzig zusammen. Das Projekt wurde von September 1997 bis März 2000 vom Bundesministerium für Familie, Frauen, Senioren und Jugend finanziell gefördert. Ausführliche Angaben zum methodischen Vorgehen können dem vorliegenden Projektbericht entnommen werden (Hoops et al. 2001: 28ff.).

3 Interviews, in denen verschiedene Bedingungen genannt werden, sind in dieser Übersicht dementsprechend mehrfach zugeordnet.

4 Die in diesem Beitrag zitierten Passagen aus Interviews mit Eltern und Kindern wurden sprachlich leicht geglättet, um ihre Lesbarkeit zu verbessern.

5 Im Interview mit einem Kind finden sich Hinweise darauf, dass verschiedene Freunde unterschiedliche Bedeutung für die Delinquenzbearbeitung haben, so dass in diesem Fall eine doppelte Zuordnung vorgenommen wurde.

6 Da in zwei Familien getrennte Interviews mit jeweils zwei Kindern geführt wurden, konnten 27 Kinderinterviews und damit auch 27 Eltern-Kind Vergleichspaare einbezogen werden. Bei drei Vergleichspaaren zeigten sich verschiedene Diskrepanzen bei den Schilderungen der Delinquenzvorfälle und hinsichtlich der Bearbeitung von Delinquenz, so dass sie dementsprechend doppelt zugeordnet wurden.

7 Hinsichtlich der Delinquenzbelastung wurde bei der Auswertung zwischen vier Ausprägungen differenziert: a) erheblich, b) mittel, c) geringfügig-verfestigt, d) geringfügig und Kinderstreiche. Zur psychosozialen Qualität des Familienlebens konnten ebenfalls vier Varianten herausgearbeitet werden: a) massiv belastet, b) belastet, c) ausgeglichen, d) förderlich. Diese unterschiedlichen Ausprägungen und ihre Verteilung in der Untersuchungsgruppe sind an anderer Stelle ausführlich beschrieben (vgl. Rieker 2001: 308ff.).

8 An anderer Stelle berichtet die Mutter hingegen, Kerims Vater sei damals zuhause gewesen. Die väterliche Anwesenheit thematisiert die Mutter, um sich dafür zu rechtfertigen, dass sie die von ihr nicht gebilligten Versuche ihrer Schwester, Kerim zu bestrafen, nicht unterbinden kann: »Er durfte dann halt nicht mit, damit hat sie das versucht zu unterbinden, aber ich muss sagen, davon wusst ich nichts. Weil, ich konnte in den 14 Tagen nicht hin. Weil mein Mann da ausgerechnet noch zu Hause war. « Die väterliche Abwesenheit scheint mir die wahrscheinlichere Variante zu sein, da diese Version mehrfach und sehr konkret berichtet wird, während die Variante väterlicher Anwesenheit nur einmal und zwar in einem Rechtfertigungskontext angeführt wird.

9 Olaf, der ansonsten einen nüchternen Blick auf seine Angelegenheiten hat, befasst sich im Interview ausgiebig und ernsthaft mit der Frage, ob er ein professioneller Bankräuber werden könnte, obwohl er lediglich wegen zweier Bagatelldelikte auffällig wurde. Die bei Olaf überzogen wirkende Thematisierung einer kriminellen Karriere wird durch die in sich schlüssige Darstellung seiner Mutter plausibel, die ihren Sohn auf dem Weg zum Kriminellen wähnt und seine Verfehlungen dementsprechend hart sanktioniert hat.

10 Auf der Grundlage unserer qualitativen Untersuchung können Zusammenhänge, die im Rahmen quantifizierender Studien ermittelt wurden, im statistischen Sinne nicht überprüft werden. Durch die gründliche Analyse offen erhobenen Datenmaterials können Aussagen zu komplexen Sachverhalten in ihren Bedeutungen jedoch differenzierter erfasst werden als durch standardisierte Verfahren. In diesem Sinne sind unsere Ergebnisse geeignet, quantitativ ermittelte Zusammenhänge zu hinterfragen und Anstöße zu weiterführenden Analysen zu geben.

Anzeige

2005 · 480 Seiten · gebunden
EUR (D) 36,– · SFr 62,–
ISBN 3-89806-478-6

2005 · 413 Seiten · Broschur
EUR (D) 36,– · SFr 62,–
ISBN 3-89806-350-X

»Es ist nicht das intellektuelle Wissen, sondern das unmittelbar affektive Erlebnis in der analytischen Situation, welches das therapeutische Agens in der Kur ausmacht.« Dies schrieb Otto Rank bereits 1926, und er formulierte damit Einsichten in die Wirkungsweise des psychoanalytischen Prozesses, die erst viele Jahrzehnte später in den psychoanalytischen Mainstream Eingang finden sollten.

Nach 70 Jahren wird sein Grundlagenwerk »Technik der Psychoanalyse« nun wieder zugänglich gemacht (Band II, Die konstruktiven Elemente, und Band III, Die Analyse des Analytikers, erscheinen 2006).

Was in der therapeutischen Praxis mit freiem Auge beobachtbar ist – die Makroperspektive der Interaktion – kann sinnvoll um körperliche Mikroprozesse ergänzt werden, die sich erst durch den Einsatz moderner Technik erschließen. Die Videomikroanalyse der therapeutischen Interaktion enthüllt uns eine Vielfalt an körperlichen Praktiken und Enactments, die wir oft nur staunend zur Kenntnis nehmen können. Aus dieser Mikroperspektive stoßen wir direkt in den Bereich unbewusster Handlungen vor, die uns ein reiches implizites Wissen erschließen. Der Körper spielt dabei eine zentrale Rolle: Die nonverbal-körperliche Domäne des Erlebens im Sinne Daniel Sterns ist in jeder Form von Kommunikation und Interaktion als Hintergrund wirksam; sie dient der subtilen Beziehungsregulierung in Form unterschwellig stattfindender Aushandlungsprozesse.

P☺V
Psychosozial-Verlag

Goethestr. 29 · 35390 Gießen · Tel. 0641/9716903 · Fax 77742
bestellung@psychosozial-verlag.de
www.psychosozial-verlag.de

AutorInnen, Herausgeber

Bergmann, Jörg, Prof. Dr., Fakultät für Soziologie, Universität Bielefeld, PF 100 131, D-33501 Bielefeld.
E-Mail: *joerg.bergmann@uni-bielefeld.de*
Web: *www.uni-bielefeld.de/soz/personen/bergmann/index.htm*

Döring, Nicola, Prof. Dr. phil. habil., Institut für Medien- und Kommunikationswissenschaft, Technische Universität Ilmenau, Am Eichicht 1, D-98693 Ilmenau.
E-Mail: *nicola.doering@tu-ilmenau.de*
Studium der Psychologie, Promotion und Habilitation in Berlin. Tätigkeiten in Forschung und Lehre an verschiedenen Universitäten. Seit 2004 Professorin für Medienkonzeption und Medienpsychologie an der Technischen Universität Ilmenau. Arbeitsschwerpunkte: Soziale und psychologische Aspekte der Online- und Mobilkommunikation, Mensch-Roboter-Kommunikation, Lernen und Lehren mit neuen Medien, Genderforschung, Forschungsmethoden und Evaluation.
Wichtige Veröffentlichungen:
Forschungsmethoden und Evaluation (mit Jürgen Bortz). (3. Aufl. 2002). Berlin: Springer
Sozialpsychologie des Internet (2. Aufl. 2003). Göttingen: Hogrefe.
Psychologie der Mobilkommunikation (in Vorbereitung).
Web: *www.nicola-doering.de*

Eichenberg, Christiane, Dipl.-Psych., Institut für Klinische Psychologie und Psychotherapie, Universität zu Köln, Höninger Weg 115, D-50969 Köln.
E-Mail: *christiane@rz-online.de*
Promotionsstipendiatin der Studienstiftung des deutschen Volkes (2002-2005); seit 2005 Wissenschaftliche Mitarbeiterin am Institut für Klinische Psychologie und Psychotherapie der Universität zu Köln. Psychologische Psychotherapeutin in Ausbildung am Institut für Psychotherapeutische Forschung, Methodenentwicklung und Weiterbildung (IPFMW) an der Universität zu Köln. Forschungsschwerpunkte: Klinische und sozialpsychologische Aspekte des Internet.
Wichtige Veröffentlichung:
Klinische Psychologie und Internet. Potenziale für klinische Praxis, Intervention, Psychotherapie und Forschung (mit Ralf Ott) (Hg.) (2003). Göttingen: Hogrefe.
Web: *www.christianeeichenberg.de*

Autoren

Heller, Karin, , Dipl.-Psych., Schoplocherstr.13, D-70563 Stuttgart.
E-Mail: *karin.heller@hellerschneidewind.de*
Nach Tätigkeit als Erzieherin Studium der Psychologie an der Justus-Liebig-Universität Gießen. Diplom 2001. Dozentin für Psychologie am Bildungszentrum des Frankfurter Verbands für Alten- und Behindertenhilfe. Seit 2002 berufsbegleitende Fortbildung in systemischer Therapie und Beratungspraxis am Institut für systemische Theorie und Praxis (ISTUP) in Frankfurt.
Veröffentlichung:
Psychosoziale Beratung im Internet. kommunikation@gesellschaft 3 (2002), Beitrag 1

Rieker, Peter, Dr., Deutsches Jugendinstitut, Franckeplatz 1 – Haus 12/13, D-06110 Halle.
E-Mail: *rieker@dji.de*
Studium der Soziologie an der Universität Frankfurt/Main und an der FU-Berlin, Diplom in Soziologie 1987 an der FU-Berlin, Promotion 1996 an der Universität Hildesheim. Arbeitsgebiete: Abweichendes Verhalten, Rechtsextremismus/Fremdenfeindlichkeit, Migration und Methoden der empirischen Sozialforschung. Forschungsarbeiten an der FU-Berlin, an der Universität Hildesheim und an der Fachhochschule Potsdam, seit 1998 wissenschaftlicher Referent am Deutschen Jugendinstitut, Außenstelle Halle.
Wichtige Veröffentlichungen:
Verfestigte Delinquenz im Kindesalter und ihre Bearbeitung durch Familie und professionelle Helfer. Soziale Probleme 15 (2004), 119-140.
Integrative Sozialforschung. Konzepte und Methoden der qualitativen und quantitativen empirischen Forschung (mit Christian Seipel). (2003). Weinheim/München: Juventa.
Eltern, Kind und Interview. Zu einigen methodischen Aspekten heikler Forschungsbeziehungen. Sozialer Sinn – Zeitschrift für hermeneutische Sozialforschung 3 (2002), 497-521.
Ethnozentrismus bei jungen Männern. Fremdenfeindlichkeit und Nationalismus und die Bedingungen ihrer Sozialisation. (1997) Weinheim/München: Juventa.

Spielberg, Rüdiger, Dipl.-Psych., Humboldt-Universität zu Berlin, Hochschulambulanz für Psychotherapie und Psychodiagnostik, Rudower Chaussee 18, D-12489 Berlin.
E-Mail: *ruediger.spielberg@rz.hu-berlin.de*
Studium der Psychologie an der Universität Bonn. Diplom 1996. Wissenschaftliche Tätigkeit an der Universität Bonn (3 Jahre); klinische Tätigkeit in Psychiatrischer Universitätsklinik (1 Jahr) und als Stationspsychologe in einer verhaltens-

therapeutisch ausgerichteten psychosomatischen Klinik (4 Jahre). Abgeschlossene Verhaltenstherapie-Ausbildung und Approbation als Psychologischer Psychotherapeut; seit 2003: Psychotherapeutische Tätigkeit mit Patienten mit Zwängen, Arbeitsstörungen und Ängsten in der Hochschulambulanz für Psychotherapie der Humboldt-Universität zu Berlin.
Wichtige Veröffentlichungen:
Psychotherapie im Internet? (mit Markus Burgmer). Psychotherapie im Dialog, 1 (2000), 77-81.
Psychotherapie und Beratung im Netz – Was geht, was geht nicht? (mit Ralf Ott). Psychomed 11 (1999), 123-128.
Chancen für Psychotherapeuten im Internet (mit Ralf Ott) (1998). In: T. Krüger & J. Funke (Hg.), Psychologie im Internet. Ein Wegweiser für psychologisch interessierte User. Weinheim: Beltz.

Anzeige

AKTUELL: ALLES ÜBER NETZWERKE

Mit Netzwerken professionell zusammenarbeiten; 2 Bände

Bd. I:
Soziale Netzwerke in Lebenslauf- und Lebenslagenperspektive
hrsg. von Ulrich Otto & Petra Bauer

Bd. II:
Institutionelle Netzwerke in Steuerungs- und Kooperationsperspektive
hrsg. von Petra Bauer & Ulrich Otto

2005, 648 Seiten
EUR 37,–
ISBN 3-87159-611-6

Netzwerkförderung zählt inzwischen zu den zentralen Interventionsformen im psychosozialen und gesundheitsbezogenen Bereich. Dieses zweibändige Werk bündelt die verstreute Diskussion über Netzwerkinterventionen und legt eine aktuelle und breit angelegte Bestandsaufnahme vor:

- Die zentralen Grundlagen werden in interdisziplinärer Perspektive dargestellt.
- Die Netzwerkorientierung professioneller „Helfer" wird auch auf benachbarte Konzepte (z. B. Lebenswelt-, Alltags-, Generationen-, systemische Orientierung) bezogen.
- Anhand konkreter Modelle und Projekte aus der Praxis werden die vorliegenden Erfahrungen systematisch ausgewertet.
- Die vorgestellten Interventionsformen beziehen sich dabei auf die gesamte Lebensspanne und auf vielfältige Arbeitsbereiche.
- Die Interventionsbereiche umfassen sowohl die Arbeit mit individuellen sozialen Netzen als auch mit institutionellen und interorganisatorischen Netzwerken.

Beide Bände als Gesamtwerk im Schuber:
EUR 64,–
ISBN 3-87159-600-0

2005, 472 Seiten
EUR 29,–
ISBN 3-87159-612-4

49 namhafte Autorinnen und Autoren legen in 38 Beiträgen den heutigen Wissensstand dar.

dgvt-Verlag • Hechinger Straße 203 • 72072 Tübingen
Tel.: 0 70 71 - 79 28 50 • Fax: 0 70 71 - 79 28 51
E-Mail: dgvt-Verlag@dgvt.de • Internet: www.dgvt-Verlag.de

Wissenschaftlicher Beirat

Ann Auckenthaler, Berlin
Jessica Benjamin, New York
Hans Bosse, Frankfurt/M
Manfred Cierpka, Heidelberg
Martin Dornes, Frankfurt/M
Jörg Frommer, Magdeburg
Heidi Gidion, Göttingen
Helmut Göbel, Göttingen
Günter Gödde, Berlin
Charles Goodwin, Los Angeles
Heiko Hausendorf, Bayreuth
Bruno Hildenbrand, Jena
Horst Kächele, Ulm
Heiner Keupp, München
Armin Koerfer, Köln
Joachim Küchenhoff, Basel
Irene Kühnlein, Augsburg
Franziska Lamott, Ulm/München
Gabriele Lucius-Hoene, Freiburg
Karin Martens-Schmid, Köln
Wolfgang Mertens, München
Ulrich Oevermann, Oberflorstadt
Christa Rode-Dachser, Frankfurt/M
Emanuel Schegloff, Los Angeles
Roland Schleiffer, Köln
Rudolf Schmitt, Berlin
Michael Schröter, Berlin
Aglaja Stirn, Frankfurt/M
Jürgen Streeck, Austin
Reinhart Wolff, Berlin